CHRISSY HEART

Auf der Suche nach dem Inneren Halt

novum pro

Dieses Buch ist auch als e-book erhältlich.

© 2025 novum publishing gmbh
Rathausgasse 73, A-7311 Neckenmarkt
office@novumverlag.com

ISBN 978-3-7116-0285-5
Lektorat: Dr. Annette Debold
Umschlagabbildungen: Chrissy Heart;
Eunkyoung Jung | Dreamstime.com;
Umschlaggestaltung, Layout & Satz:
novum Verlag
Innenabbildungen: Chrissy Heart;
Pixabay

Die von der Autorin zur Verfügung
gestellten Abbildungen wurden in der
bestmöglichen Qualität gedruckt.

www.novumverlag.com

Bibliografische Information
der Deutschen Nationalbibliothek:

Die Deutsche Nationalbibliothek
verzeichnet diese Publikation in
der Deutschen Nationalbibliografie.
Detaillierte bibliografische Daten
sind im Internet über
http://www.d-nb.de abrufbar.

Gedruckt in der Europäischen Union
auf umweltfreundlichem, chlor- und
säurefrei gebleichtem Papier.

Druckprodukt mit finanziellem
Klimabeitrag
ClimatePartner.com/16547-2311-1001

INHALTSVERZEICHNIS

1. Einschlafen 9
Introspektive Verse des Kampfes 9
Den Anderen gefallen 9
Wie? 12
Wohin – Wozu? 13
Es wird zu viel 14
Ich musste fliehen – Wohin? 18

2. So fängt meine Geschichte an 21
Der Tag 23

3. Liebe suchen, Liebe gewinnen? 35

4. Die Schuld 40
Mein Krankheitsbild 44
Dissoziation 47
Der Wille und der Sozialfall 53
Im Rahmen des Todes 55
Zwei Wörter tanzen unentwegt miteinander (Metapher): 58
Warum habe ich diesen Beruf erlernt: schulische Heilpädagogin? . 60

5. Kinder brauchen Märchen 62
Die Kraft der Märchen 63
Das Geheimnis der Märchen 63
Das Märchen: Frau Holle 64
Der Brunnen der Belohnung: positiv 68
Der Brunnen der Belohnung: negativ 69
Die Suche nach dem Gleichgewicht des Brunneninhaltes 70

6. Der innere und äussere Halt 73
Der Sinn des Lebens: 74
„Dialog der beiden Hände" 76
Das innere Kind sucht die Antwort 78
Der Lebensbaum 89
Die Erholungsphase 92
Mein Lebensbaum 94
Die Körperwahrnehmung 96
Die Achtsamkeit 97
Spannung und Entspannung 99
Medikamente 103

7. Innere Kraft schöpfen mit kleinen Zielen 104

8. Rituale 106
Mit den Steinen befreundet sein 111
Das Wesen der Steine 112
Warum wir sie so lieben 115
Das Märchen Hänsel und Gretel 124

9. Erwachen 129
Langer Schlaf 130
Gemeinsam den Weg finden; 130
Zum Thema Gott und Glaube 131
Mein Zitat 132

Ein Dankeschön an meinen Mann, an meinen Sohn,
an meinen Mut und Willen,
an die, die an mich geglaubt und mich unterstützt haben,
an Roger Hodgson, den genialen Musiker, Songwriter und Wegweiser,
an Pink Floyd, die Rockmusikgruppe, die mir Impulse gegeben hat.

1. EINSCHLAFEN

INTROSPEKTIVE VERSE DES KAMPFES

Mein Herz schreit nach Liebe und Anerkennung
doch die Stille birgt Schatten.

Der Argwohn löscht die Flamme
der Jähzorn ängstigt und sucht nach Geborgenheit.

Welch ein Fluch ich nicht richtig erkannt
verdammt mir Dasein zum Sterben nah.

Leere verfolgt mich schon lange, da der Sinn des Lebens verloren und erloschen.

Was erwartet mich jeden Tag nach der Feindseligkeit, die auf mir lastet?

Es ändert sich nichts, wie ein Herz, das sich nicht mehr öffnet.

Chrissy, schlaflose Nächte.

DEN ANDEREN GEFALLEN

Der Familie, dem Umfeld, der Gemeinschaft, der Gesellschaft … einem Sozialgefüge

ÄUSSERLICH wie INNERLICH

DIE SUCHE NACH ANERKENNUNG
„LEBEN ODER ÜBERLEBEN IN EINEM **KLIMA** ODER **SOZIALGEFÜGE,**
DAS EINEM FREMD WIRD,

NICHT DIE GLEICHEN WERTE VERTRITT ODER DAS EINEN HINTERFRAGT UND SO
EINEM PERMANTEN STRESS UNTERWIRFT",
„*OBERFLÄCHLICH ERSCHEINT*",
„*SELEKTIONIERT*",
„*NICHT TIEFGRÜNDIG UND WEITSICHTIG DENKT*";

„ZUM EGOISTEN WIRD, SODASS MAN SCHLIMME KONSEQUENZEN NICHT WAHRHA-
BEN WILL. (Z. B. MAN VERSCHMUTZT UNSERE ERDE.)"

„IN EINEM STÄNDIGEN WECHSELSPIEL VERGLEICHT UND BEWERTET:
JA NACH WAS? ACH DU MEINE GÜTE!
NACH INTELIGENZ-QUOTIENTEN, NORMEN, TESTS, TENDENZEN, REGELN, MATERIEL-
LEM REICHTUM, HIERACHIEN, RASSEN UND RELIGIONEN."

WIE?

DURCH INNERE KÄMPFE,
SUCHEN NACH MACHT BEI INNERLICHER ANERKENNUNG,
KEINE FEHLER MACHEN.

„NICHT EIGEN SEIN" WIRD ZUM STÄNDIGEN BEGLEITER.

MAN WERTET UND BEWERTET.

WO BLEIBT DIE EIGENART, DAS UNTERSCHIEDLICHE, DAS SPONTANE, DAS UNSCHUL-DIGE, NEUGIERIGE **INNERE KIND?**

DIE STÄNDIGE SUCHE, ANDEREN ZU GEFALLEN, WIRD PLÖTZLICH INFRAGE GESTELLT, HINTERFRAGT.
MAN GIBT, MAN ZEIGT, MAN SAGT, MAN TUT OHNE GRENZEN.
HÖREN EINEM DIE ANDEREN ZU?
VERSTEHEN SIE EINEN?
ZIEHEN SIE PROFIT, OHNE ZU SCHADEN? TEILEN SIE? GEBEN SIE AUCH?
WÄCHST DARAUS ETWAS?

**ODER WIRD DAS STÄNDIGE SUCHEN
ZUM STÄNDIGEN VERBERSSERN,
BESSER ZU SEIN?**

WOHIN –
WOZU?

UM LIEBE ZU BEKOMMEN, GRATIS, VON HERZEN OHNE HINTERGRUND, OHNE WER-
TUNG, EINFACH SO, WIE MAN FÜHLT UND DAS LIEBEN VERSTEHT …
DURCH IMITATION,
SPONTAN, OHNE KRITIK.

ES WIRD
ZU VIEL

MAN FÄNGT AN, NACH DEM SINN DES LEBENS ZU SUCHEN

MAN FINDET ANTWORTEN

DIE EINEN BRINGEN EINEN WEITER, DIE ANDERN VERWANDELN SICH IN BLOCKADEN

ES WIRD ALLES ZU VIEL, OHNE DASS MAN MERKT, DASS ES BALD ZU EINEM INNEREN
ZUSAMMENBRUCH KOMMT.
DER BRUCH IN SICH SELBST UND ZUR UMWELT
UNERKLÄRLICHE GEFÜHLE BREITEN SICH AUS
MAN SUCHT NACH ANTWORTEN, NACH SCHULDIGEN, NACH DEM RICHTIGEN

WAS HAT MAN FALSCH GEMACHT!?

MAN HAT SICH DOCH BEMÜHT
MAN HAT DER GESELLSCHAFT MIT IHREN WERTEN GEHORCHT
MAN LEBT NACH EINER RELIGION ODER SPIRITUALITÄT, DIE MAN ANERKENNT UND
NACH DER MAN ZU LEBEN VERSUCHT = VERWIRKLICHUNG INNERER WERTE.

ABER PLÖTZLICH STIMMT NICHTS MEHR ÜBEREIN

MAN NIMMT ANDERS WAHR, ES STIMMT ETWAS NICHT,
MAN MERKT ES AN SICH UND UM SICH.
FILME UND MEDIEN VERSTÄRKEN DAS UNFASSBARE, DAS PLÖTZLICH FREMDE,
SIE LÖSEN UNVERSTÄNDLICHE GEFÜHLE AUS.

EIN PSYCHIATER HAT MIR, EINER ERWACHSENEN PERSON, ERKLÄRT, DASS ES LEIDER
AUCH „HÄSSLICHE", „EIFERSÜCHTIGE" MENSCHEN GIBT …
ETWAS, DAS ICH VERMUTETE UND IMMER ZU MEIDEN PFLEGTE, IMMER IN DER ZU-
VERSICHT, FÜR LIEBE, GEBORGENHEIT, FREUNDSCHAFT ZU KÄMPFEN
UND IMMER ETWAS GUTES IN DER PERSÖNLICHKEIT EINES MENSCHEN ZU ERKENNEN.

LEIDER WAR DIES IN MEINEM VERSUCH ZUR UNMÖGLICHKEIT UND
UNVERSTÄNDLICHKEIT GEWORDEN.
ICH HATTE MEIN DASEIN FALSCH WAHRGENOMMEN.
DIE KARTEN WAREN GEFALLEN.

**WAS ICH IMMER SCHON ERAHNT HATTE, WURDE IN EINEM GESPRÄCH MIT WE-
NIGEN WORTEN ERKLÄRT,
ES GAB AUCH WIRKLICH BÖSE MENSCHEN.**

DIE ANTWORT WAR WEINEN, SCHREIEN, PANIK, ÄNGSTE, DIE ICH NICHT MEHR ERKLÄREN KONNTE.

WAS ZU VIEL WAR, WAR ZU VIEL;
MEIN EIGENES LEBEN, DAS ICH GLAUBTE, GUT UND EHRFÜRCHTIG GELEBT ZU HABEN.
ICH GING IN EINEN TUNNEL, DER KEIN ENDE NAHM UND IMMER DUNKLER UND ENGER WURDE.
IN MEINER FURCHT KAM DIE BEFÜRCHTUNG UND DIE BESTÄTIGUNG: ICH MACHE ALLES FALSCH UND ZERSTÖRE. „WAS??????"

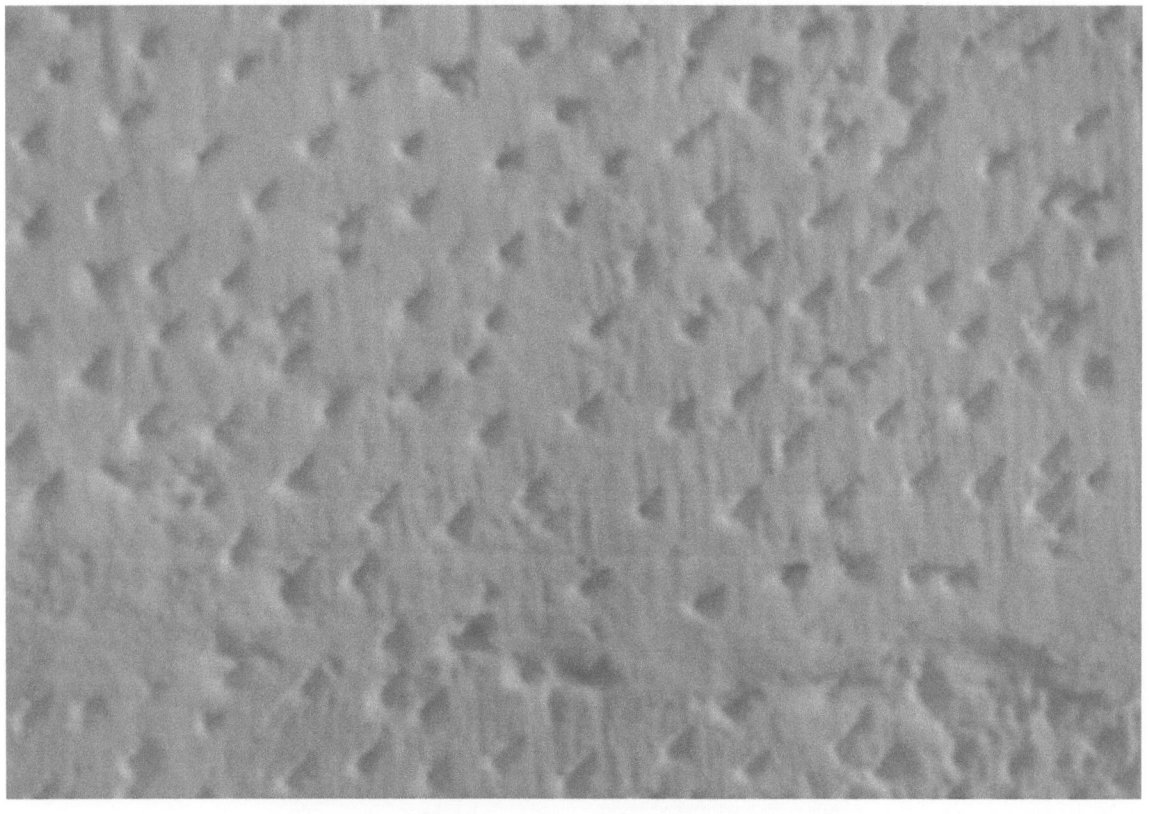

ICH KAM NICHT MEHR KLAR.
DIE CHAMPAGNERFLASCHE WAR GEPLATZT, UND DER INHALT WURDE ZU EINEM
GESÖFF, DAS MAN NICHT TRINKEN KONNTE.

ICH HATTE IN MIR EIN BIRCHERMÜESLI, VON DEM ICH DIE ZUTATEN NICHT MEHR
KANNTE UND DAS NIEMANDEM MEHR SCHMECKTE.

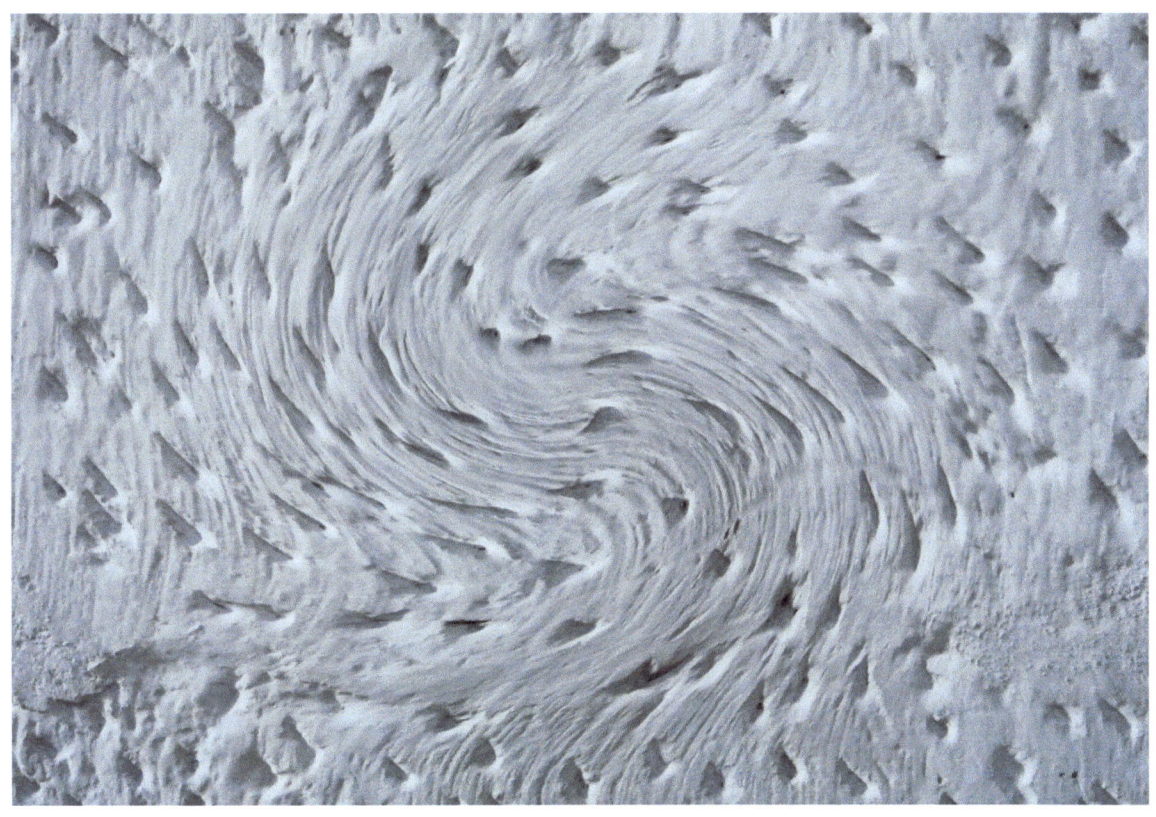

ICH MUSSTE FLIEHEN – WOHIN?

ZUERST VOR DEM JETZIGEN MIR, VOR MEINEN ERWARTUNGEN, MEINEN GEDANKEN, MEINER DÜSTEREN WAHRNEHMUNG UND MEINEM KÖRPER.

ICH FING AN, IN EINER GROSSEN SEIFENBLASE, DIE MICH SCHÜTZEN SOLLTE, ZU LEBEN.
ALLES RUNDHERUM WURDE GEFÄHRLICH, LEBENSGEFÄHRLICH.
MEDIKAMENTE SOLLTEN EIN TROSTPFLASTER UND MEIN STÄNDIGER BEGLEITER WERDEN.

ICH FING AN, ALLES, ABER ALLES ZU KONTROLLIEREN, UM JA NICHTS FALSCH ZU MACHEN.
DIES WURDE MIR ZUM VERHÄNGNIS; JE MEHR ICH KONTROLLIERTE, JE WENIGER ÜBERSICHT UND KLARHEIT WUCHS IN MIR.

MEIN GANZES LEBEN ENTGLEISTE AUF GLEISEN, DIE ES VIELLEICHT GAR NIE GAB.

Ich wurde abhängig, von meiner Geschichte, von meiner Angst vor Instanzen, vor Medikamenten, die man mir verschrieb, vor dem Leben, das ich nicht mehr verstand und nicht mehr leben wollte.

2. SO FÄNGT MEINE GESCHICHTE AN

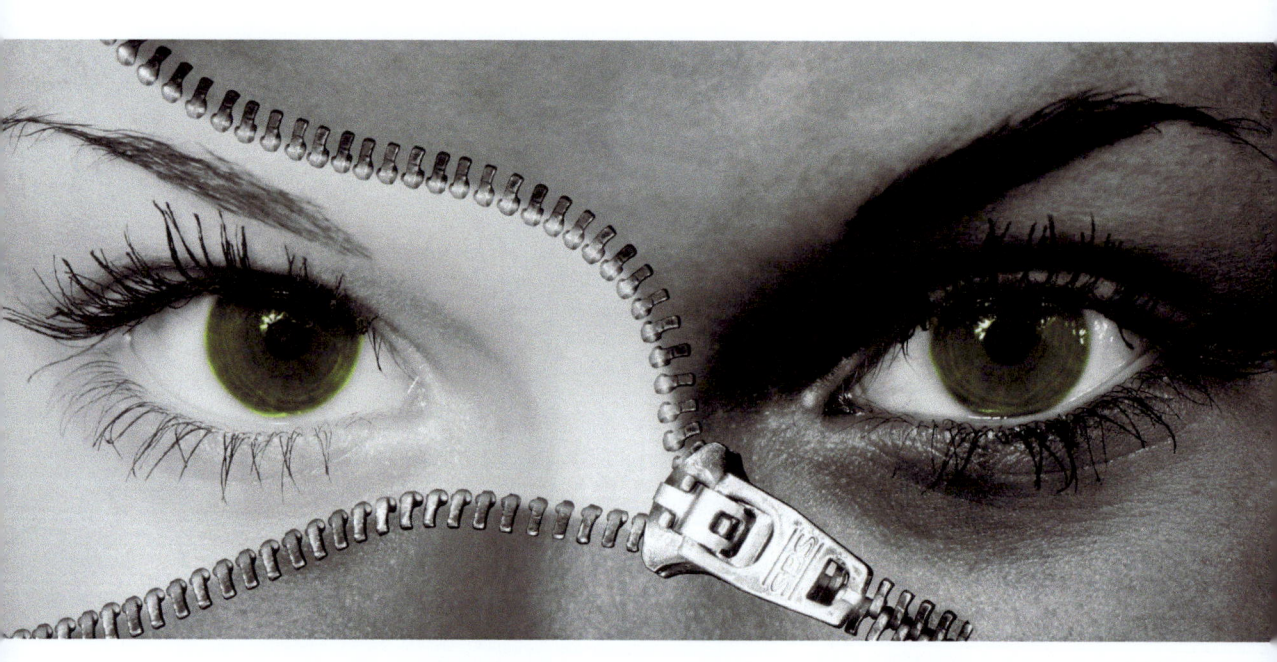

DER TAG ...

An einem Tag, der wie jeder andere Tag aussah, fuhr ich an einen
Lieblingsort, ins didaktische Zentrum. Ich stöberte gerne in
Büchern, suchte didaktisches Material, um interessant zu
unterrichten. Ich wählte Bücher, die meine Schüler gerne lasen.
Ich war in meinem Element, ich wollte meine Schüler begeistern.
Ja ich war eine schulische Heilpädagogin, die mit Leib und Seele
gerne meine Schüler überraschte und förderte. Ich packte meine
Auswahl an Büchern und verliess mit einem lachenden
„Auf Wiedersehen" diesen Ort -------------------------------.

Ich bemerkte einen ruckartigen Schlag. Ich wurde starr und zog
die Handbremse an meinem Auto. Eine Frau stieg aus einem Auto und
fragte, warum ich, ohne zu schauen, in die Hauptstrasse
eingebogen war. In meinem Kopf öffnete sich langsam ein
Reissverschluss. Ich schaute die Frau an, wusste nicht, wo ich
war, und flehte sie an, meinen Ehemann anzurufen, da ich nicht
wusste, was während der paar Minuten geschehen war.
Die Angst schlich sich bemerklich in meinen Körper. Ich hatte die
Kontrolle über mich verloren. Mein Gedächtnis war weg, für eine
unnormale Zeit.

Nach der Bestandesaufnahme ging ich nach Hause und weinte. Ich liess mich krankschreiben und rief einen mir bekannten Freund an, der als Psychologe arbeitete, und erzählte meine Geschichte. Es war etwas Tiefgründiges, Psychologisches, nur das wusste ich. In Gesprächen versuchten wir herauszufinden, was mich so aus der Bahn geworfen hatte.

Man versuchte meinem Dasein einen Namen zu geben, ohne Antwort. Die Antwort kam mit meinen Träumen, wenn ich überhaupt welche hatte vor lauter Fragezeichen. Sie waren beängstigend, wirr, aber doch irgendwo in meinem Inneren bekannt.

Ich wurde der Archäologe meines Selbst, bis ich verloren zwischen der Vergangenheit und der Gegenwart die Scherben, die ich fand, nicht mehr zeitlich wie geschichtlich und realistisch zu einer Vase zusammenflicken konnte.

Mein Inneres frass mich dermassen auf, sodass ich nicht mehr spürte, dass mir meine jetzige Welt fremd, und doch so schmerzlich es war, auch so unvorsehbar vorkam.

Ich verlor den Kontakt zu meiner hiesigen Welt und Umwelt. Jeder Tag wurde dermassen ein Horror, dass ich am liebsten von diesem Planeten fliehen wollte. Ich wollte und konnte nicht mehr leben. Ich war nicht mehr ich, ich war keine Ehefrau, keine Mutter, keine Lehrerin, keine Frau.

Am Anfang ging es so weit, dass ich in der Gegenwart den normalen Lärmpegel nicht mehr erduldete; die Worte in der Luft, die Musik, den Lärm in der Stadt. Ich zuckte jedes Mal zusammen, wenn der Lärm angstvoll erklang; wie zum Beispiel zwei Gläser, die in Freundschaft zusammentrafen. Ich hatte Angst, dass es dadurch gefährliche Scherben geben konnte, die mich töten wollten. Wenn ich kochte, was früher mein Hobby war, hatte ich Angst vor Reiskörnern, wie vor Meeressalz. Überall sah ich Scherben. Ich machte mir einen Film, wo sich alles vermehrte und zur Gefahr, zur tödlichen Gefahr wurde. Auch den Haushalt konnte ich nicht mehr bestreiten; ich hatte Angst, Gegenstände an einen falschen Ort zu lagern, die sich nachher durch mein Vergessen zu einem gefährlichen Dreck verwandelten, verwesten und kleine Viecher anzogen. Ich hatte auch Angst, nicht alles picobello zu putzen, sodass ich gefährlichen, vielleicht spitzigen Dreck vergass, der später alles in bösartige Bakterien verwandelte. Ich hatte Angst, auf dem geliebten Boden zu laufen, sodass ich ihn manchmal mied oder nicht mehr wahrnahm. Wenn ich hinausging, um einzukaufen oder zu spazieren, hielt ich lupenmässig meine Augen auf dem Boden gerichtet; voller Angst vor bösen, schmutzigen Sachen, die einem weh tun konnten, vor Erbrochenem, vor Flaschenscherben, vor Blutspuren und vor Spitzigem. Im Bus machte mir die Enge mit fremden Leuten Angst. Sie husteten, spuckten Schleim vor sich auf den Boden oder rochen stark nach Schweiss.
Auch hatte ich plötzlich Angst, etwas zu vergessen, wie die Türe zu verschliessen, etwas zu verlieren oder nicht richtig in den adäquaten Eimer zu entsorgen.

Oh mein Gott, ich traute mich vor lauter Angst nicht mehr zu funktionieren wie ein normaler Mensch. Ich atmete falsch, ich wurde zitterig und schrie, ja brüllte vor lauter Angst. Ich kannte nicht mal mehr einen lieben Ort, an dem ich mich körperlich wie geistig zurückziehen konnte. Nein, alles war schlimm. Ich fing an, anders zu funktionieren.

Das kleine innere Kind in mir kam zum Vorschein; alleingelassen, voller Fragen, müde, zerbrechlich, krank und mit einem leeren traurigen Blick.

Ein Klinikaufenthalt, viele falsche Medikamente, ein Aufraffen, um zu leben, in einer Welt, die für mich keinen Sinn mehr hatte. Das war die eine und meine Tatsache geworden.

All dies hatte einen Grund, der langsam zu meinem Lebenspartner wurde, einem „Secret Garden".

Am Anfang dieser Verwandlung suchte man in Gesprächen herauszufinden, warum ich nach und nach ein anderes Ich zeigte. In einer Beratungssitzung entdeckte mein Oberarzt etwas: Wir sassen alle in einem Kreis in der Klinik und sprachen über mein trauriges Dasein. Im vierten Stockwerk klappte eine Türe zu. Wir waren im Erdgeschoss. Ich zuckte auf meinem Stuhl zusammen, nur ich. Der Arzt, der dies sofort bemerkt hatte, sagte mit einer Bestimmtheit: „Ich weiss, was es ist, ein *KINDTRAUMA*.“

Das Mobil war gefunden, aber in einer Grauzone. Man fing gezielter mit mir an, zu arbeiten und mich zu beobachten, sodass es mir eine Zeitlang wieder recht gut ging, und zwar so, dass ich nach einer langen Pause wieder arbeiten durfte.
Ich war jedoch ein zartes Wesen mit einer grossen Sensibilität geworden und geblieben.
Mit den Schülern zu sein, zu unterrichten machte mir wieder Spass.
Was ich jedoch nicht merkte, war, dass ich mit meiner „Krankheit“ unerwünscht war, vor allem bei meiner Kollegin und meinem Vorgesetzten. Nach einer so langen Abwesenheit war mir einiges fremd geworden. Ich brauchte zwischendurch Hilfe, war auf Unterstützung angewiesen. Als Antwort und Rückhalt war ich eher Blicken und Bemerkungen ausgeliefert. Mir helfen, für das hatte es keinen Platz und keine Zeit mehr. Geh, verschwinde, las ich den Gesichtern meiner engsten Mitarbeiter.

Nach mehrmaligen Rückfällen der ständige Versuch, in meinem doch so geliebten Beruf wieder einzusteigen, war das Sinnloseste, was ich je unternommen hatte. (Im Bus sah ich von Weitem an einem Bildschirm ein Zitat – ich weiss nicht, von wem, aber es sprach zu mir: Wenn dein Feind deine Geheimnisse nicht wissen darf, dann sag sie ja nicht deinem Freund). Ein Schauer lief über meinen Rücken runter, und zugleich überkam mich grosse Traurigkeit. Ich hatte in dieser langen Zeit viele Freunde vergessen, gemieden oder einfach verloren.

Jedes Mal, als ich wiederkam, verunsicherte man mich erneut, kontrollierte man mich, sagte und tratschte über falsche Krankheitsbilder oder Gegebenheiten mir gegenüber, oder man mied mich. Statt mir entgegenzukommen, erlebte ich von gewissen wenigen, aber wichtigen Mitarbeitern eine Art von Zurückweisung, Falschheit und Hinterhältigkeit, bei der man einfach zusammenbricht und in die Erde versinken möchte.

An einem freien Tag musste ich in einem Medienzentrum unbedingt ein gewisses Buch zurückbringen. Da ich praktisch keinen telefonischen Kontakt mehr mit meiner Kollegin haben durfte, schrieb ich ihr eine SMS, dass sie in der Schule die fehlenden Bücher bitte bereitstellen möchte. Ich würde sie am nächsten Morgen in das Medienzentrum zurückbringen.

Als ich am nächsten Morgen voller Zuversicht die Bücher holte, war ein Buch nicht dabei. Nicht schon wieder, sagte ich zu mir selbst. Ich fragte nach dem Buch, vergebens. Beim Hinausgehen nahm mich eine Klassenschülerin bei der Hand und zeigte mir ganz leise und eingeschüchtert, wo das Buch steckte. In der Mittagspause ging ich nochmals in die Schule. Ich wollte eine Kartonschachtel mit meinen Urgegenständen abholen. Ich fand sie nicht auf Anhieb. Da ich lange gefehlt hatte, ging die Suche wieder los … Ich fand sie nicht oder doch. Ich fand einen

alten Migros-Sack, wo meine Arbeitskollegin meine zum Teil zierlichen Anschauungsmaterialien einfach ohne Respekt in eine kaputte Papiertasche geschmissen hatte. Ich war traurig, aber schluckte dieses Ereignis wieder hinunter. Ich traf meine Klassenzimmerkollegin mit meiner Arbeitskollegin, die mich zu einem Kaffee einlud, und blieb bis am Anfang des Unterrichts und beobachtete. Ein Gefühl des Störens lag in der Luft. Die Atmosphäre war gespannt. Ich wollte aus meinem Klassenzimmer raus, als mein Vorgesetzter brüllend auf mich zukam und vor meiner Kollegin wie den eintretenden Schülern

schrie: „Ich frage mich schon lange, wo du dein Gedächtnis verloren hast!" Auf diese Art und Weise warf er mir belanglose falsche Sachen vor, die ich sozusagen ständig machte, wie den ganzen Tag Schokolade essen und den Schülern nichts davon abgeben oder persönliche Telefonate führen, obwohl ich mein Handy schlecht beherrschte …. Ich schaute meine Kollegin an, die schadenfreudig am Pult stand und dies bejahte. Daraufhin bemerkte ich, dass man hier etwas mit mir anstellte, das höchst unvorbereitet und unprofessionell von sich ging. Ich verlangte von meinem Vorgesetzten mehr Respekt vor meiner Person und einen anderen Ton. Uninteressiert schubste er mich in ein anderes Zimmer. Hier fielen Worte, die mein Herz durchstachen und meine ganze Arbeit, Philosophie und humane Pädagogik in einem bewussten Ziel infrage stellten, kurz und bündig und mit einem verächtlichen falschen Gesicht. Ich wurde dermassen gemobbt, dass mir am Schluss mein Arbeitgeber einen Kuss, einen Judaskuss, verabreichte und mich stehen liess.

Dieses Urteil, ohne sich vorher wehren zu können,
führte zu einem Zustand der Selbstleere, des
Unverständnisses, der Überraschung, wenn man
dies so nennen darf, der bald zu meinem
psychischen und physischen Zerfall führte. Meine
Liebe zum Beruf hing an einem Kreuz. Ich war
wieder schuld. Ich war wieder nicht gut genug –
wieder dieser Perfektionismus – ich war an allem
schuld. Diese Erkenntnis war niederschmetternd,
aber leider doch so wahr.

Die Folge war ... Vermeidung

Ich hatte nie mehr Kontakt mit der Schule. Nur noch eine staubige Kartonschachtel mit überfälligem Material, zerrissen, zerkratzt liess man mich in einer Waschkammer aussortieren.

Am gleichen Tag ging ich mit meinem Mann zum Psychiater und erzählte ihm meine Geschichte. Der Arzt berührte meine von Tränen genässten Hände und sagte mir: „Ich muss Ihnen jetzt etwas erzählen, hören Sie gut zu: Es gibt im Leben liebe und schlechte Menschen, und Sie bemerken den Unterschied nicht." Später sagte mir eine wichtige Frau in unserem Berufsgefüge: „Schau, du hast leider genug Leute um dich gehabt, die eifersüchtig auf dich waren. Ich weiss es."

Mein Selbstwertgefühl, ja meine ganze Identität war wie weggewischt.

Was war ich in diesem Leben für ein Ungetüm geworden, was hatte ich falsch gemacht? War ich so ein schlechter Mensch, der nicht würdig war zu leben auf diesem Planeten oder überhaupt zu atmen?

Mein Mann, der neben seinem Beruf Gewerkschaftspräsident war, nahm nun den weiteren Verlauf in die Hand. Ein Anwalt sagte uns gleich, dass dies eine miese Art von Mobbing war und ich als psychisch angeschlagen es belassen sollte, mich noch aus dem sinkenden Schiff zu rechtfertigen. Wir verlangten nach etlichen Gesprächen eine rechtmässige Entschuldigung und die Zurechtstellung aller Lügen und Gerüchte, die fälschlicherweise ausgesprochen waren. Auch ein „himmeljauchzendes" Arbeitszeugnis mit allen guten Taten, die ich vollbracht hatte, bekam ich zugeschickt.

3. LIEBE SUCHEN, LIEBE GEWINNEN?

Sich verstanden fühlen, sich geborgen fühlen, das Dasein mit seinen Mitteln verschönern.

Nicht immer leicht, oder nur für kurze Zeit.

Liebe suchen, die man einst nicht bekommen hat, die man vermisst hat, die man nie ehrlich gespürt hat.

Zum Glück hatten meine Eltern mir als kleines Kind einen Teddybären geschenkt.
Er wurde für mich ein Alles und ein Ersatz für unendliche Momente.

Welchen **Wert** hat Liebe als Wert noch in einer Gesellschaft?

Wie viel Liebe braucht der Mensch?

Welche Art Liebe braucht der Mensch?
Zärtlichkeit
Geborgenheit
Ein inneres und äusseres Zuhause
Anerkennung
Kontakt
Verständnis
Teilen
Verwirklichung
Freundschaft
Rollen

**Die Liebe suchen, die man einst nicht bekommen hat, in der Erwartung,
dass man sie bekommt in seiner Einzigartigkeit.**

Man wächst hinein in die Gesellschaft:
Die Freundschaft
Die Familie
Die Verwandtschaft
Sogenannte Mentoren, Lebensführer, Idole, die in der richtigen Zeit helfen
Der Freundeskreis
Die Schule
Die Vereine
Das Studium
Die Wahl eines Berufes, der einem Befriedigung und Freude schenkt
oder einfach nur das Geld, um ehrfürchtig zu leben
Die Kollegen
Die Vorgesetzten

Eines Tages kommt man zur Einsicht, dass man mit seiner Verhaltensweise, mit der Liebe umzugehen, nicht mehr so klarkommt.

Das „Immer mehr, die Liebe zu kontrollieren, zu kanalisieren und gefangen zu halten in der Pandora-Schachtel" häuft sich zu einer Mulde,

dann zu einem Hügel, und ohne es zu merken, zu einem Berg.

Die Philosophie des Respektes, der Würde, des Gebens und Nehmens wird auf eine Balance gestellt, und plötzlich merkt man, dass sie klar auf die falsche Seite kippt.
Man versucht, das Gleichgewicht wieder zu suchen, aber es ist zu spät. Man verliert die Übersicht; das **Wann** und vor allem das **Wie**.
Man stellt sich infrage.

Man fängt an zu grübeln und zu grübeln bis zur Erschöpfung.

Man gibt und gibt und merkt, dass die Unschuld im Menschen einen bewundert für den Fleiss, für das Wissen und Können, für die Art, es zu vermitteln, für die Zeit, die man gibt, für die Kraft, die man gibt.

Aber für welches **Ziel** eigentlich:
Würdig leben zu können in einer Gesellschaft oder stets zu vergleichen?

Und wenn man das nicht mehr schafft, wenn die Ansprüche zu gross oder zu kompliziert werden,
wenn man die Grenzen der Vernunft nicht mehr spürt:

Was passiert dann?
BURNOUT, AUSSCHLIESSEN, DEPRESSION, ABSCHALTEN, NACH HILFE RUFEN, ANGST BEKOMMEN, SICH ZURÜCKZIEHEN, VON ALLEDEM, WAS EINMAL SO WICHTIG FÜR UNS SCHIEN.
ETWAS PSYCHISCHES, ETWAS, DAS MAN SCHWER EINTEILEN KANN IN DER KRANK-HEITSLISTE, ETWAS, WAS MAN ZU VERHEIMLICHEN SUCHT.

Man stellt sich die Frage:
warum ich,
womit hat es angefangen,
wann hat es angefangen,
wer trägt die Schuld?

Die Antwort steht nicht immer nur in der Gegenwart, sondern meistens
weit zurück, bis ins Kindesalter, mit
seinen Erlebnissen
seinen Wertvorstellungen
seinen Imitatoren
seinen Antworten auf das Leben
seinen Bräuchen
seiner Kultur
seiner Religion oder Spiritualität
die und seiner Auffassungsgabe.

Die Verwirklichung ist dann jedermanns eigene Sache.

Wie zum Beispiel bei mir:
Wenn man bewusst gibt und gibt.

Man merkt, dass der Nehmer einen bewundert, aber auch von dieser Schatzkiste und Wundertüte oder Sensibilität profitiert;
unbewusst einen auch auslaugt, auspresst, immer mehr will, ausnützt, um sein Dasein zu kontrollieren und zu vereinfachen oder zu verschönern.

Was erhalte ich davon:
selten ein Lob, ein Dankeschön, ein Kompliment, eine neue Herausforderung.
Ein Kopf und nur mein Kopf voller Energie und Wissen, der sich davon labt und nährt, dem Gegenüber einen Gefallen zu bereiten, geben, ohne sich zu schonen und ohne zu merken, wo eigentlich die Grenzen des eigenen Befindens liegen.

HÜ, HÜ, HÜ, aber nie ACHTUNG! STOPP!

Das Geben wird zur Selbstverständlichkeit oder zum Muss.

Wo bleibt plötzlich das kleine Lob, das einem weiterhilft, die Anerkennung, an der man sich streichelt, befriedigt und die einem zuletzt die innere Ruhe bringt.

Bekommt man dies nicht mehr automatisch; nein, man muss gelegentlich anderswo die Befriedigung tanken gehen: z. B. shoppen, Süsses essen oder eine kleine Kraftmedizin, natürlich, auf biologischer und pflanzlicher Art zu sich nehmen oder einfach hinunterschlucken, in sich hineinfressen, verdrängen.

So funktioniert die lebendige Maschine nicht auf Dauer.
Nein, dies ist nicht immer so leicht wie bei den anderen (so denkt man doch zwischendurch, zum Glück gibt es ja die Medien, die einem zeigen, dass es auch anders sein kann).

Ich jedenfalls war keine Heiligkeit, die nur geben konnte, nein, ich war zerbrechlich.
Immer mehr spürte ich, dass ich mich ausgelaugt, ausgenutzt und ausgepresst fühlte.
Ich fiel aus dem Rahmen.
Und so brach der Tag der Erfüllung meiner Pflichten, mit Liebe und Präsenz, zusammen.

Die Erde drehte sich im gleichen Rhythmus weiter, aber die Umgebung, die Gedanken, die Wahrnehmungen bekamen andere Gesichter und Formen. Der Tag wurde zur Last, und die Nacht brachte nicht mehr den ersehnten Schlaf.

Schlimme, wirre Träume waren am Platz von Ruhe eingetreten.

Ständige Unruhe breitete sich wie ein Teppich von schwarzer Lava aus. Ich brauchte dringend Hilfe.

4. DIE SCHULD

Schuldig sein, sich schuldig fühlen, in der Schuld aufwachsen, sie im Alter als ständigen Begleiter zu haben,

dieses Wort hat mein Leben geprägt.

Als kleines Mädchen verstand ich den Sinn nicht, ich lernte nur, dass es etwas Negatives war. Man klebte es mir ständig an meinen Kopf. Wenn ich fragte, **warum**, bekam ich Antworten, die ich nicht innerlich bejahen konnte; sie waren schlimm und taten weh, sehr weh, an meinem Körper, aber auch in meinem Herzen:
Schimpfwörter, Schläge und in der Kirche beichten.

Warum war ich immer schuldig: weil ich ständig fragte „**warum**" oder einfach nach Antworten suchte, oder weil ich einfach immer in diesem Moment da war, eine Zielscheibe, an der man seine Wut, seinen Stress, seine Aggression oder sogar seine Lust loswerden konnte? Je mehr ich fragte, **warum**, je mehr bekam ich dieses Wort **Schuld** als Antwort.

Ich wuchs damit auf;
ich war schuld daran, dass meine Mutter Medikamente und Alkohol schluckte,
ich war schuld, wenn mein Bruder etwas angestellt hatte,
ich war schuld, wenn das Essen anbrannte,
ich war schuld, gescheiter und gelehriger zu sein als mein Bruder,
ich war schuld, als ich auf meinen kleinen Bruder nicht gut aufpasste,
ich war schuld, wenn ich meinem Vater von der Angst um meine Mutter erzählte,
ich war schuld, als ich unschuldig und naiv nach Zuneigung suchend, einem pädophilen Mann immer wieder in die Fänge lief und diese Manipulation verschwieg,
ich war schuldig, wenn ich mit meiner Ausbildung zu viel kostete,
ich war schuld, auch wenn alles einigermassen gut verlief.
Als ständiger Begleiter war ich stets auf der Hut, dass man meine Schuld bemerkte.

Auch im Erwachsenenleben war ich schuld;
ich war schuld, als ich meine Mutter ins Spital brachte,
ich war schuld, wenn mein Bruder mit seinen Freunden etwas anstellte,
ich war schuld, als meine Schwangerschaft nicht gut verlief,
ich war schuld, als ich meinem Mann nicht so gefiel wie eine andere,
ich war schuld, eine andere Meinung zu vertreten,
ich war schuld, als ich mich in der Schule als Lehrerin einmal als krank meldete,
ich war schuld, als man mir wiederholte, schuldig zu sein.

Ich war der **Täter**, nein, das **Opfer** oder einfach der **Sündenbock**.
Verliess mich diese Schuld?
Nein, sie wurde zur Angst, und ich verstand das Wort Angst nicht;
Nein, ich spürte sie in allen Gliedern wie die Schuld.

Streng christlich geboren, musste ich mich für alles **entschuldigen**, was wieder Platz machte für neue **Schuld**.

War ich dazu geboren, schuldig oder ängstlich zu werden oder beides.

MEIN KRANKHEITSBILD

Die Suche nach meinen Traumata:
(„Had a Dream", Roger Hodgson)

Der Bericht, der mein Leben und meinen sozialen Status veränderte.
Nach langer Suche, was meine Person ausmachte, die Suche nach:
Was macht mir so Angst.
Die Suche nach adäquater Hilfe.

Ich suchte nicht mehr irgendeinen Psychiater, dem ich immer das gleiche oberflächliche Getratsche erzählen sollte, nein, ich wollte jemanden, der gezielt auf meine Traumata hin arbeitete.
Ich fand eine Psychologin, die mir mit einer Methode, EMDR, einen Weg in mein inneres jetziges und früheres Leben fand.
Mit ihrer Fragestellung und Methode kotzte ich regelmässig, meine Verzweiflung, mein inneres versstecktes Dasein und Verständnis auf den Teppich.
Aber dies verbesserte meinen Zustand nicht.
Es war alles auf dem Teppich gelandet, und ich wusste nicht, was damit anzufangen.

Vergeben, nein nie!

Am Ende meiner Kräfte und all der Versuche, mich in mein früheres Leben wieder einzuloggen, fragte man nach einer ev. IV-RENTE.
Die sollte mir helfen, eine gewisse Angst vor den finanziellen Überlebensängsten zu lindern.

Man schrieb einen Bericht über meinen hilflosen Zustand.

Er wurde, da ich in einem zweisprachigen Ort aufwuchs und lebte, auf Französisch geschrieben.

Ich übersetze ihn.

GEGENWÄRTIGE SITUATION DER ANAMNESE:

Frau X befindet sich in einer sehr schwierigen psychologischen Situation. Ihre Tage werden von Angstgefühlen, Angstzuständen und Panikattacken beherrscht.

Dabei handelt es sich nicht um normale Panikattacken, wie man vermuten könnte, sondern es geht hier meistens um dissoziative Rückblenden (Flashbacks). Dissoziative Rückblenden sind als Rückkehr in eine Zeit zu verstehen, zu einem Moment, wo sich für das kleine Mädchen, das sie war, schwerwiegende Ereignisse zugetragen haben. Dies bedeutet, dass Frau X während dieser Angst- und Panikzustände nicht mehr wirklich sie selbst ist, eine 53-jährige Frau, sondern sich als kleines Mädchen fühlt und auch so handelt, zurückversetzt in ihre Vergangenheit, vollkommen schutzlos. Es ist hier zu erwähnen, dass Frau X ein angepasstes Erwachsenenleben hinter sich hat, das vollkommen der Norm entsprach und in einem unterstützungs- und hilfsbetonten Familienumfeld erfolgte. Dieser Umstand, ihre grossen Intelligenzressourcen sowie ihre sozialen und persönlichen Kompetenzen haben ihr erlaubt, ein ausgefülltes und zufriedenstellendes Familien- und Berufsleben zu führen. Trotzdem hat Frau X ihr ganzes Leben lang Schwächen empfunden, die während vieler Jahre durch eine psychopharmakologische Medikamentation behandelt worden sind. So konnte sie jedoch ein normales und angepasstes Leben führen. Die Lehrtätigkeit war für sie eine wichtige Befriedigung, denn sie fühlte eine ganz besondere Verbundenheit zu den schutzlosen und vom Leben oder der Natur benachteiligten Kindern. 32 Jahre Schulunterricht in derselben Schule zeugen davon. Ein emotionell sehr stark belastendes Vorkommnis ereignete sich jedoch im Januar 2012, nämlich der Brand des Bauernhauses ihrer Schwiegereltern. Dieses Ereignis hatte für Frau X psychologische Folgen, sodass sie vollständig dekompensierte. Alle ihre verinnerlichten Ängste entfesselten sich, um vollständig von Frau X Besitz zu nehmen. Eine psychiatrische Hospitalisierung war die Folge. Auch wenn ein Brand ein schwerwiegendes

Ereignis darstellt, so muss man sich dennoch fragen, wie ein Brand dermassen intensive und übermässige Reaktionen auslösen konnte. Man muss wissen, dass Frau X als Kind während vieler Jahre in einer grossen Angst vor einem
Brand der elterlichen Wohnung lebte, die auf das unangebrachte Verhalten ihrer Eltern zurückzuführen war: Der Vater rauchte und die Mutter entsorgte die Aschenbecher in nachlässiger Weise. Als kleines Mädchen legte sich Frau X mit der tiefen Angst ins Bett, nicht mehr aufzuwachen, gewaltsam zu sterben. Frau X war einem infernalen Trio ausgesetzt: einerseits der Gewalt in der Familie (gewalttätiger Vater), dann der Vernachlässigung (vernachlässigende Mutter, medikamentensüchtig) und andererseits auch einem Sexualmissbrauch ausserhalb ihres Familienkreises (begangen durch einen Nachbarn, der schlussendlich wegen unsittlicher Berührungen und Sexualmissbrauch zu ihrem Nachteil und anderer Mädchen verurteilt wurde). Ein solcher Tatbestand bedeutet für ein Kind, dass es weder zu Hause noch ausserhalb der Familie Zuflucht finden und somit auch kein normales und stabiles Leben führen konnte. Die Bezugspersonen, die es nach dem Sexualmissbrauch eigentlich hätten in Obhut nehmen sollen und die auch hätten einsehen müssen, dass das Mädchen Opfer eines schweren Sexualmissbrauchs geworden war, waren ihrerseits selbst nachlässig und gewalttätig. Sie haben dem Kind in dieser Situation weder Schutz noch die notwendige Pflege zukommen lassen.

Während der Phase des Sexualmissbrauchs (über mehrere Jahre hinweg) hat Frau X das Dissoziieren lernen müssen, um normal weiterleben zu können, d. h., um nach den Missbräuchen auch der Gewalt und der Nachlässigkeit in der Familie standhalten zu können. Sie musste sich auch um ihren kleinen Bruder kümmern, den die Mutter vernachlässigte. Frau X war einer ständigen Angst um ihren Bruder ausgesetzt, dass sie etwas falsch machen und sich nicht richtig um ihn kümmern könnte, dass sie ihm nicht geben könnte, was er braucht, dass sie etwas vergessen könnte usw. Das sind genau die Angstzustände, die heute wieder aktiviert werden. Sie hat ständig Angst, etwas vergessen, etwas verloren oder etwas vernachlässigt zu haben. Die Mutter von Frau X war nachlässig, was einen verwahrlosten Zustand der elterlichen Wohnung zur Folge hatte. Als Kind konnte Frau X kein sauberes Handtuch vorfinden, besass keine sauberen Kleider, lebte in einem schmutzigen Umfeld. All diese Probleme werden auch heute wieder in Form von Rückblenden aktiviert: Sie hat das Gefühl, sich ständig waschen zu müssen, die Wohnung von oben bis unten zu reinigen, wenn sie nicht die Gewissheit hat, ein schmutziges Handtuch weggelegt oder eine hygienische Binde weggeworfen zu haben. Sie empfindet sich auch gynäkologisch als unsauber. Da sie nach den sexuellen Missbräuchen nicht einmal das Recht oder die Möglichkeit hatte, sich richtig zu waschen, empfindet sie heute sensorielle Rückblenden, bei denen sie sich unsauber fühlt. Die Kontrollzwangsstörungen schränken sie sehr stark ein. Als wir vor kurzer Zeit die psychotherapeutische Behandlung aufgenommen haben, erlebte sie am 18. Dezember 2012 noch ein zusätzlich traumatisches Ereignis: Sie wurde von einem Vorgesetzten verbal angegriffen, der sie öffentlich vor ihrer Arbeitskollegin und den Schülern ihrer Klasse erniedrigt hat. Dieses Vorkommnis hatte eine dramatische Verschlechterung des Zustandes von Frau X zur Folge. Das empfindliche Gleichgewicht von Frau X wurde damit vollständig zerstört.

DISSOZIATION

Mein Leben mit meinem **Mann** und meinen „Männern"
Meine Toleranz, meine Wahrnehmung, meine Veränderungen
Meine nicht kohärenten Reaktionen

IN MEINER WUT, VERZWEIFLUNG UND NOT
UND AN EINEM SCHLECHTEN TAG:

Mein Mann, mein bester Freund und Helfer?
Liebe ich meinen Mann?
Bewundere ich ihn?
Bin ich ihm hörig?
Habe ich Sehnsucht nach meinem Mann?
Habe ich Lust auf meinen Mann?
Wer ist mein Mann?

Bin ich, wie alle, ein Gewohnheitstier.

Ich bin auf ihn angewiesen …
Ich kann ohne ihn nicht leben …
Ich lebe schon sehr lange mit ihm …
Er hilft mir in meiner Krankheit, seinetwegen …
Er liebt mich nicht mehr …
Er lebt in seiner Welt, die er meinetwegen nie verändern würde.

Seine Welt heisst:
Was willst du schon wieder?
Oder mach.

Mein Mann ist ein Workaholic.
Er flieht in eine Welt, bei der er sich bewundert und anerkennt fühlt.
Er muss ständig sein Ego aufpolieren.
Sein bester Freund ist sein Computer und sein Handy, seine beste Freundin die Katze, Caline.
Für mich hat er nur missbilligend Zeit.
Er kommt zuerst.
Er gibt mir Sicherheit, aber in letzter Minute.
Er ist fast nie präsent.
Er hat so viele Nebenbeschäftigungen, die ihn fordern, dass er die Grenzen des gemein-
samen Lebens nicht mehr beachtet.
Er kann nicht kommunizieren, nur verordnen und korrigieren.
Im Innern hasst er meine Welt, meine Ansichten, meine Krankheit.
Er hasst auch meine Vorstellungen, meine Hobbys, meine Freunde und Freundinnen, die
ich mittlerweile auch nicht mehr sehe.
Er bestimmt über mein Umfeld.

Meine Werte sind nicht seine Werte.

Das Einzige, was ihn interessiert, ist die **Hausfrau** oder das **Sexobjekt** in mir.

Er flüchtet vor einer Tatsache, er ist an einer Hand behindert, anders als die Norm.
Und er muss gewinnen im Kampf mit der Norm.
Er muss besser als alle anderen sein.

In der Woche sehe ich ihn nur an einigen Abenden.
Ich darf ihn nicht weniger lieben als meinen Sohn.

Er spricht mit mir ohne Blickkontakt.
Er schaut und konzentriert sich auf den Computer, wenn ich mit ihm ein Gespräch führe.
Um sich nicht meiner zu nähern, hat er seine Lieblingskatze auf seinem Schoss.

Er hat nicht gerne telefonischen Kontakt mit mir, immer mehr legt er einfach den Hörer auf, scheinbar zeithalber.
Auf meine SMS antwortet er nur, wenn sie positiv sind.

Er verspricht mir, ein Wochenende für mich da zu sein.
Im letzten Moment sagt er, er wolle eine Veranstaltung anschauen gehen.

Er ist sehr rechthaberisch und eine sensible Frau, die ein bisschen Geborgenheit und Sicherheit sucht, ist bei ihm nicht erwünscht.

Er ist sehr rechthaberisch und eine sensible Frau, die ein bisschen Geborgenheit und Sicherheit sucht, ist bei ihm nicht erwünscht.

Wenn ich ihn frage, ob er mich liebt oder wie er mich liebt, kommen keine klaren Antworten.

Ich glaube schon lange, dass wir nichts mehr gemeinsam haben, denn wenn er ein wenig Zeit für mich aufopfern muss, benennt er dies klar und klagend.

Alle andern haben recht auf Zeit mit ihm, ich nicht mehr.

Ich, seine Frau, muss ein Datum, eine Uhrzeit abmachen, die er zum Teil auch nicht einhält.
Er wird zum Lügner in letzter Minute, Versprechungen fallen immer wieder ins Wasser.

Schweigen muss ich auf Befehl:
bei der Tagesschau im Fernseher, auch wenn er dort einschläft,
wenn das Licht gelöscht werden soll, wenn wir ins Bett gehen. Wehe, ich mache es wieder an.
Wenn eine ihm spannende Serie im Fernseher läuft.

Wer ist mein Mann?
Will ich ihn zu sehr an mich binden noch nach so vielen fast vierzig Jahren?
Habe ich das Gefühl, man muss sich lieben wie am ersten Tag?

Verlange ich zu viel, lasse ich ihm zu wenig Freiheit?

Ich sage mir:
Geh nicht weg, bei ihm hast du Sicherheit.
Geh nicht weg, er ist klug.
Geh nicht weg, ich bin nicht allein.
Geh nicht weg, wir haben einen gemeinsamen Sohn, den wir über alles lieben.
Geh nicht weg, wir haben ein gemeinsames Haus gebaut.
Geh nicht weg, manchmal gibt's ein Lob oder ein Liebeszeichen.
Geh nicht weg, ich bin jetzt finanziell von ihm abhängig.
Geh nicht weg, denn sonst bin ich noch einsamer, als ich schon bin.
Geh nicht weg, weil ich keine Kraft mehr habe.
Geh nicht weg, weil sich die Geschichte des Alleinseins immer wiederholt.
Geh nicht weg, ich nehme ihn wahrscheinlich falsch wahr.

Lasse ich den Menschen zu viel Platz, um sich zu verwirklichen?

Bin ich geboren als Mittel zum Zweck?

Wer ist mein Mann?

Ist mir alles zu viel, alles so einseitig, weine ich innerlich.
Ich bin allein, ich bin selbst schuld, allein zu sein.
Ich habe keine Rechte, ich muss gehorchen, folgen, sonst werde ich ausgeschlossen, angebrüllt.
Ich bin nicht mehr wohl in meinem Heim.
Die Versprechen lösen sich auf, die Freude wird Traurigkeit.
Nebst den vorgegebenen Daten folgt das Unvorhergesehene, das auch Macht hat, weil heute vieles unvorhergesehen ist.

Wir sind alle Gewohnheitstiere, die sich nur verändern, wenn es ihnen so passt.

Das Einfache passt heutzutage nicht mehr.
Man muss Grenzen spüren.
Die einen verletzen damit,
die andern rühmen mit Erfolg.
Die einen sind Opfer,
die andern gewinnen an Macht.

Wer ist mein Mann?

HALT DA, das kenne ich doch von früher.
Was mache ich falsch?
Ist es jetzt zu spät, einmal nicht einverstanden zu sein und Nein zu sagen?
Ja, es ist zu spät.
Man hasst zu grosse Veränderungen.

Die Zwiespältigkeit der Männlichkeit:

Wer war mein Vater, was war er?
Wer war meine erste Liebe, was war er?
Wer ist mein Ehemann, was ist er?

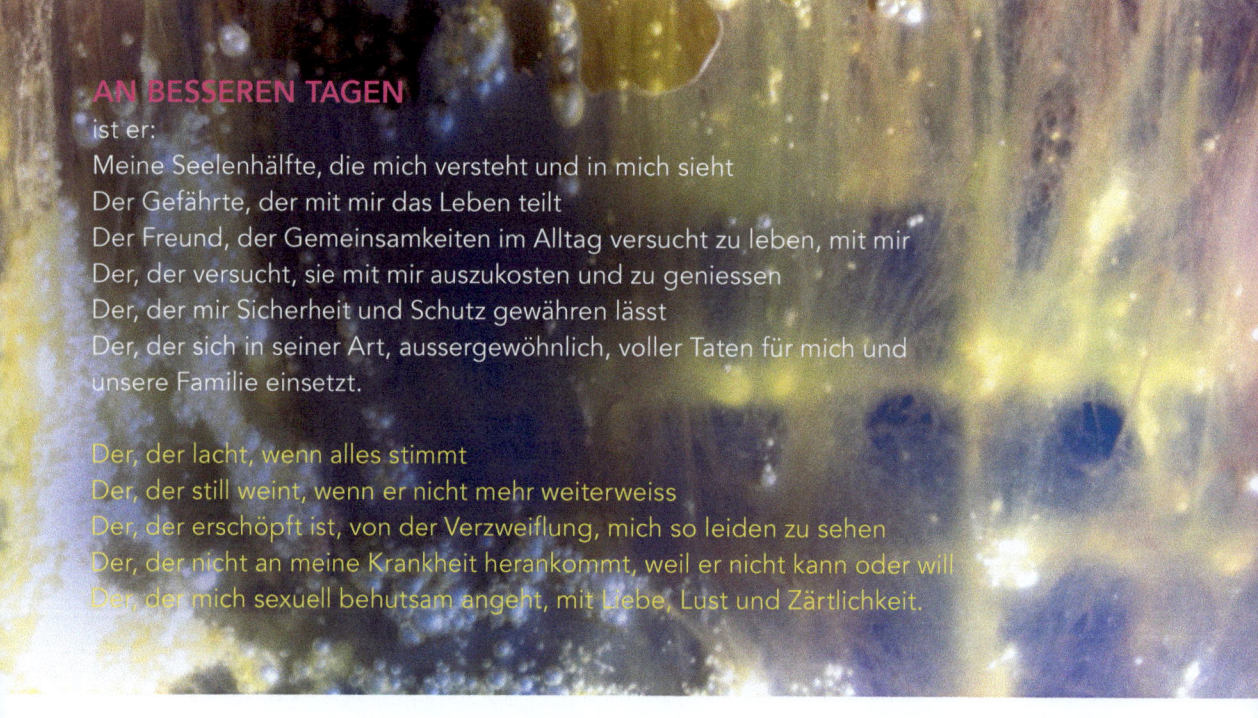

AN BESSEREN TAGEN
ist er:
Meine Seelenhälfte, die mich versteht und in mich sieht
Der Gefährte, der mit mir das Leben teilt
Der Freund, der Gemeinsamkeiten im Alltag versucht zu leben, mit mir
Der, der versucht, sie mit mir auszukosten und zu geniessen
Der, der mir Sicherheit und Schutz gewähren lässt
Der, der sich in seiner Art, aussergewöhnlich, voller Taten für mich und
unsere Familie einsetzt.

Der, der lacht, wenn alles stimmt
Der, der still weint, wenn er nicht mehr weiterweiss
Der, der erschöpft ist, von der Verzweiflung, mich so leiden zu sehen
Der, der nicht an meine Krankheit herankommt, weil er nicht kann oder will
Der, der mich sexuell behutsam angeht, mit Liebe, Lust und Zärtlichkeit.

Wer ist mein Mann?

Was früher so klar und spontan war, wurde zu einer ständigen Angst, der verbalen Verletzung, der Demütigung und der Gewohnheiten.
Der Mann, den ich als Partner und Vater für mein Kind gewählt hatte, mein Alles, meine Zuflucht, meine grosse Liebe, glich plötzlich meinem Vater, dem Übeltäter ...

Ich brauche meinen Mann, dem ich alles anvertrauen kann, der beide Füsse auf dem Boden hat und das grosse, immense Vertrauen in das Leben hat.

Wir wissen alles voneinander ...
Das schöne
Das Befriedigende
Die Erholung
Das Teilen einer Weltanschauung
Den Respekt
Die Gewohnheiten
Die Stärken und Schwächen
Aber auch den Alltag
Das Vorgesehene und das Nichtgeplante
Die Kraft des Telepathischen
Die Zuflucht in beschützende Rituale
Ein langes und hoffentlich langes Geben
und Nehmen.

ABER OHNE DISSOZIATION, ANGST UND UNKENNTNIS
ABER OHNE VERGLEICH, FLUCHT UND ARGWOHN

Ich verzweifle manchmal an sogenannten normalen Gegebenheiten so stark, dass eine Flut des Hassens, des Nichtverstehens in mir aufkommt, die ich ausnütze, um DIE Angst zu umgehen, die ich ja letztlich als Kind zu spüren bekam, **die Angst, die Wut, die Not, die Verzweiflung**.

Ich hinterfrage nicht jeden Mann.
Nur den, bei dem ich meinen Geist, mein Inneres, meine Gedanken, meine Liebe schenken will und hoffe, das Gleiche zu bekommen.

Ich will diese unbekümmerte Liebe wieder
spüren, wieder gewinnen, weil ich weiss, wie
schön sie einst war.
Ich will an mir arbeiten, um meinem
Zuhause wieder einen Sinn zu geben,
meine andere Seite, die kreative, zu leben.

Ich will mich in meinen Mann wieder verlieben,
ihm Ja sagen,
ihn ohne Furcht berühren
und seinem starken Charakter mutig und nicht
unterwürfig entgegentreten.

Ich möchte wieder die Männer und ihre
Gesichter voneinander unterscheiden können
und nicht vermischen.
Ich will verstehen, es ist aber nicht so leicht.
Ich habe Angst, dass er mich nicht mehr lieb hat.
Ich habe Angst, dass er mir gleichgültig wird.

Richtig wahrnehmen, Klarheit schaffen in der Vergangenheit, um besser zu leben in der
Gegenwart. Ich bin auf der Suche …

Kommt er mir entgegen???????
Im Moment nicht, und ich glaube immer mehr, auch in Zukunft nicht.

Wir haben uns verändert, aber auch unser gegenseitiger Respekt. Nie mehr werde ich in
die Falle der Unterwürfigkeit fallen.

Der Wille und der Sozialfall

Ich habe nun die Tagesstruktur einer psychiatrischen Klinik verlassen und habe etwas gefunden, das ich wirklich gerne anfertige: kleine Stoffblumen. Die Freude ist so gross, dass ich richtig süchtig danach bin. Ich kreiere, und das macht mir Freude. Mein Mann zeigt ebenfalls Freude und muntert mich auf. Eine gewisse Zeit vergeht.

Es darf leider nicht dabei bleiben. Seit mein Mann sich einmischt und mir „helfen" will, geht alles schief und bergab. Zuerst war alles mit Liebe und Interesse verbunden, aber dann immer mehr mit Business verkuppelt.

Sich als Befehlsgeber gebend, werde ich wieder manipuliert. Alles, was ich unternehme, ist falsch und wird bewertet. Die Zuwendung und das Verständnis hielten nicht lange. Leider sind in unserem Haus Scherben im wahrsten Sinne des Wortes gefallen. Aus Angst suchte ich Hilfe, was ich bekam, war ein Anbrüllen jeglicher Art und ein Zeichen, dass ich nicht mehr von meinem Mann abhängig sein soll. Jedes Mal, wenn ich meine Meinung äusserte, bekam ich Kritik. Mein Mann brauchte nun die folgenden Wörter: Du bist nichts anderes als ein Sozialfall, oder du bist an al-

lem, was dein Leben angeht, **selber SCHULDDDDDDDDDD**. Seit einer Woche weine ich wieder jeden Tag, ich will wieder weg, weil ich wieder **SCHULDDDDDDDDDDD** an allem bin. Er kontrolliert alles, was ich mache. Er wägt jedes Wort von mir ab, um mir danach eines auszuwischen. Alles, was er sagt, „stimmt". Meine Aussagen werden jedoch zu seinen Gunsten zunichtegemacht. Er macht mir Angst, ich glaube, er gönnt mir nicht, dass es mir ein bisschen besser geht. Er tut alles, um mich zu erdrücken, und wenn ich endlich nicht mehr weiss, was und wie, und ich weine, will er plötzlich helfen. Er bedroht mich viel, dass wenn ich mich nicht seinen Launen anpasse, er mich entmündigen will. Er meint, ich sei nicht ganz zurechnungsfähig. Dieses Argument ist auch ein Mittel zum Zweck.

Damit kann er seine Rechte beibehalten und mich vor eine Tatsache stellen, die es mir unmöglich macht, mich klar zu äussern und mich zu wehren. Ich bin in eine neuen Falle, die Falle der Entmündigung und der Entwertung, gefallen. Ich bin Besitztum und habe zu gehorchen.

Wo sind die Versprechen, füreinander da zu sein, auch wenn es einem nicht so gut geht, ja die Tradition der Kirche, des Sakramentes, einander auch in schlechten Zeiten beizustehen? Wenn es passiert, ist es schnell vergessen, warum, es sind Floskeln, die man sagen muss, aber nicht durchdenkt, wie vieles.

Was soll ich nur machen, um ein bisschen glücklich zu sein, WAS??? Mit einem Mann leben, der mich als Sozialfall anschaut … Ich will nur ein wenig geliebt und geachtet werden für den Menschen, der ich jetzt bin.

Ist etwa nicht noch ein wenig Eifersucht dahinter, wenn einem etwas gelingt …

Im Rahmen des Todes

Ohne dass ich es merkte, wurde ich streng religiös erzogen, am Anfang durch Märchen-erzählen (glaube an das Gute und Böse) und später die Bibel (Moral).

Sakramente: In meinem Fotoalbum habe ich zu 90 % Bilder, die den Momenten entspre-chen, wo ich die Sakramente feierte. Ich selbst trage einen höchst christlichen Namen. In meinem Kinderzimmer waren überall Gemälde von Jesus oder Maria. Das Gebet war wichtig, aber der Dialog war tabu. Wichtig war stets zu vergeben und anderen zu helfen. Unterstützt wurde alles durch meine Verwandten, die in einem Kloster lebten oder Pries-tern in der Kirche oder in Vereinen. Man kam sich immer liebend bewacht vor.

Die Sünden, deren Wertstellung im Leben, führten eher zu Drohungen als Lob: Himmel, Hölle, Fegefeuer waren die Orte nach dem Tod. Alles war recht bildlich dargestellt. Wohin man ging, kam auf die Lebensart an.

Ich hatte sehr früh Angst vor Geistern, die einem etwas antun. Am Abend im Bett zog ich die Daunendecke über meinen Kopf, um unsichtbar in der Nacht zu sein. Ich schaute die Heiligenbilder an und konnte kaum richtig atmen. Ich brauchte immer lange, um einzu-schlafen, da ich mich nicht in Geborgenheit fühlte und mich gehen lassen konnte. Religion galt als Macht über Gut und Böse und der Schuld.

In einer religiösen Gemeinschaft (Jubla) aufgewachsen, war ich klaren Regeln untersetzt. Sie gab aber Struktur und Soziabilität und tat mir letztendlich gut.

Den Tod von geliebten Menschen musste ich auf verschiedene Arten erfahren: Erbschaf-ten waren wichtig, aber auch mysteriös. Väterlicherseits hatten wir „Judenblut" im Kör-per und auf dem Papier, und dies prägte seit den Weltkriegen mein Familienvermächtnis. Meine Schwiegermutter kannte ich kaum. Sie starb in einem schlimmen Autounfall, ein unvergessliches und unverständliches Dorfdrama. Eine liebevolle Frau war unter vier an-deren gestorben, und der Priester sprach in der Kirche x-mal von einem Purgatorium, einem Ort, wo die Menschen sich zu ihren Sünden bekennen mussten, um dann erst in den Himmel zu kommen, das hiess, wir mussten jeden Tag den Rosenkranz beten in der Hoffnung, dass sie bald und sicher in den Himmel kam. Ich fand und finde es immer wi-dersprüchlich, dass man nach einer Beerdigung feiert.

Ich habe auch Angst, im Sarg nicht wirklich tot zu sein, deshalb will ich verbrannt werden.

Früher hatte ich auch jeden Tag Angst, meine Mama zu verlieren, weil sie ihren Medika-
mentenkonsum nicht mehr unter Kontrolle hatte. Ich hatte auch Angst, dass das Haus ohne
meine Kontrollen abbrannte und wir alle sterben mussten.

Ich habe auch in gewissen Momenten gewissen Menschen den Tod gewünscht, weil sie
einem wehtaten.

Ich habe dem Tod ins Auge gesehen und bin ihm knapp entflohen, im Kampf mit dem
pädophilen Übeltäter, dem Hauswart, der zuletzt die Grenzen nicht mehr spürte oder
kannte, oder bei der schlimmen Geburt meines Kindes.

Heiraten: Was heisst, bis zum Tode mit dem geliebten Partner zusammen sein, wenn der
Partner krank wird?

Ich hatte lange Angst vor dunklen Orten, wie dem Keller …

Ich habe auch das Gefühl, tote Wesen zu spüren, in einer Wohnung, in
einem Patrizierhaus.

Alleingelassen werden liegt nahe dem Tod und fern vom Leben.
Abgelehnt werden heisst, verschwinden, vergessen, sterben.
Brüskes, ungeahntes Verlassen von etwas Geliebtem gilt für mich wie ein
gewisser Tod (meine Stelle als Lehrerin).

Erschöpfungsdepression mit Panikattacken zieht mit sich, den Wunsch, zu sterben (keinen
Ausweg sehen), aber auch Angst, zu sterben (Herzrasen), Angst vor dem Leben, vor Lärm,
Menschen, Zukunft … Sich verkriechen, sich zurückziehen, … sterben.

Depression = Hölle

Was passiert nach dem Tod?

Glaube an Reinkarnation auf der Erde, mit einer Mission: bestehend
aus Gutem tun, zu wachsen – dann erst in den Himmel kommen und ruhen.
Sonst ist es nur ein Übergang mit der Seele in einen anderen Zustand
ohne körperliche Schmerzen.
Der Körper verwest, die Seele nicht, sie lebt weiter.

Angehörige wiedersehen im Himmel, ich habe Angst davor.
Aus dem Körper gehen und …: Wo ist man?? Leider wurde dies mehrmals eine erlebte Flucht.
Dissoziation: Wer bin ich, wo bin ich?

Traum = leben in einer anderen Dimension

Tod = verlassen von Leuten, vor denen man im Leben Angst hatte, und sie wiedersehen?

Wiederkommen zu müssen, weil man seine Aufgabe noch nicht erledigt
hat, d. h. Angst, noch einmal so wie ich leben zu müssen.
Ich habe Angst, vor dem letzten Atemzug, habe Angst zu ersticken,
allein oder mit anderen in einem Grab zu sein.

Das Nichtwissen, das Nichtkontrollieren können, macht Angst.

Himmel, der Übergang, das Urteil macht Angst, sodass man nicht weiss, wo man hin-
kommt.

Wunsch: Ruhe, Frieden und Liebe zu finden, dieses Gefühl der Geborgen-
heit, ohne Angst geniessen zu dürfen, ja das Paradies geniessen.

Und die Engel, gibt es sie?

Beten, hört uns jemand?

Wie und wo will ich begraben werden:
Ich will nicht, dass man mich als Tote ehrt.
Ich will den Weg allein gehen.
Ich will keine öffentliche Messe, nur ein Gebet bei Mönchen, die
singen und mich ins Licht beten.
Ich will diesen Weg rein gehen, ohne Zuschauer.
Ich will verbrannt werden.
Und wo …? Ich weiss es momentan nicht. Ich hasse Friedhöfe.

Seit 3 Jahren gehe ich nicht mehr auf das Grab meiner Eltern, aus
schlechtem Gewissen?
Ich habe Angst.
Vielleicht verstehen sie nicht, warum ich jetzt von ihnen so rede,
weil es mir nicht gut geht.
Ich will doch nur meine Seele befreien.
Der Tod ist mir immer nah, ich habe Angst vor dem Gedanken an den Tod.
Wenn man sich ihn wünscht, will man von Schmerzen befreit werden,
wenn er einem nah ist, hat man Ehrfurcht von ihm.

Sich mit diesem Thema auseinanderzusetzen, ist nicht leicht, wenn der
Kampf ums Leben ebenbürtig wird.
Im Zusammenhang mit der Religion ist das Wort GLAUBE sehr wichtig,
denn bewiesen hat noch niemand dies genau.

Zwei Wörter tanzen unentwegt miteinander (Metapher):

Freundschaft und Feindschaft

Zwei Wörter, die beide mit einem *F* beginnen und im gleichen Schaft schlussendlich landen.

Dieses Gemisch ist nicht sauber. Manchmal vermischt man Kleider in einem Schaft. Solche, die schon mal angezogen waren, und solche, die direkt aus der Waschmaschine kommen.
Beide sind gebügelt. Nur die Spürnase und die Erinnerung merken einen Unterschied.
Welches zieht man lieber an? Das, dass einem im Moment gerade gefällt.
Wie spürt es sich an?
Äusserlich fühlt man sich wohl, schön und akzeptiert.

Aber wie ändert sich diese Wahrnehmung?
Innerlich vermischt man das Kompliment mit der wahren Betrachtung.
Neue Kleider, ah, sie wagt es, Neues oder mehr zu entdecken oder zu erledigen.
Angehabtes, uh, da kommt der Schnee von gestern, sie hat ihren Charakter, sie will Klarheit, sie hat noch immer Erinnerungen und Ängste.

Man sieht sie nicht auf Anhieb.
Die Freundschaft verwandelt sich in Feindschaft oder vermischt sich mit ihr.
Man bewirft die Person, die man anders kannte, regelrecht mit Dreck.
Man will sie nicht mit diesen verfluchten Ängsten.

Man möchte sie wegwischen, aber zu spät, das Kleid ist in seinen Augen betrachtet nicht mehr frisch, sondern schon mal angehabt. Vorwürfe, Banalitäten, Erniedrigungen werden nun an das Kleid – mich – geworfen.

Man zieht es aus, und „uiiiii", man hängt es, weil man es nur kurz angehabt hat, wieder in den Schaft.
Und plötzlich vergeht die Erinnerung.
Man vermischt sauber und schon Angehabtes und weiss nicht, welches was war. Der Unterschied ist minim, beide sind ja nicht schmutzig.

Im Schaft vereinigen sich bald die kleinsten Gerüche.
Alles ist vermischt und gut aufgehoben und auf einen selben Nenner gebracht.
Das meint man nur, und die Freundschaft und Feindschaft werden automatisch gleichbehandelt und empfunden.
So, dass man vergisst, was gut und schlecht voneinander unterscheidet.
Man hat Vertrauen in etwas, dass sich dauernd neckt und keinen Frieden bringt.
Aber man ist nicht auf der Hut, man lässt es geschehen und fällt wieder in die Falle.

Man schaut in den Spiegel und versteht den Unterschied, den Wert, den man darauf aufgebaut hat, nicht.

Man lässt es geschehen, ohne Kraft und ohne Selbstbewusstsein.

Man verliert die Kontrolle und die Eigenverantwortung.

Man sieht und hört etwas. Ist es angenehm oder eine neue Erniedrigung?

Kann man dem Schaft mit Freund und Feind vertrauen? Ich glaube, wenn man den Unterschied nicht wahrhaben will und nur das Beglückende wahrnimmt, lernt man nicht, zu unterscheiden, weil man hofft, geliebt und akzeptiert zu sein, und das Wahre wird nicht erkannt.

Man fängt immer von Neuem an, mit Liebe und Hoffnung, nur der Schaft weiss noch die Bedeutung.

Und wie ist es mit der Vielfalt der Kleider? Der Schaft ist gross. Man vermischt immer mehr, und plötzlich kommen die Kleider, die man ohne Wertung anzieht, nur um gekleidet zu sein, hervor. Etwas hat gesiegt, die Mischung der Kleider.

Gefühle werden vermischt, Wut und Hass und Unverständnis kommen ans Licht, man weint, die Kleider werden nass, ob frisch oder nicht, und landen ohne Erkenntnis und Lösung im Wascheimer. Ist das die richtige Lösung auf Dauer? Ich glaube nicht. Ich muss achtsamer werden und die Kleider besser sortieren. Es ist nicht leicht, da einem ein Kleid besser oder schlechter gefallen kann, gleich, ob man sie selbst gewählt und bezahlt hat. Momentan vermeide ich wieder solche Konflikte und trete in der Gesellschaft, obwohl ich die Regeln kenne, weniger auf. Ich bleibe im Schaft, wo alles versteckt und unübersichtlich wird, und ziehe immer das Gleiche, mir Vertraute an. Wie lange ich dies durchstehe? So lange, bis ich gewisse Klamotten verschwinden lasse, auf immer und ewig, und die andern sorgfältig sortiere.

Warum habe ich diesen Beruf erlernt: schulische Heilpädagogin?

Aus einer Berufung heraus?

Oh, dank eines geschätzten Schulpädagogen und Didaktikers, Anton Bertschy, im Zusammenhang mit der Musikgruppe Pink Floyd: Another Brick in the Wall … die mit ihrer „Impulsmethode" meine innere Denkweise übers Unterrichten völlig neu orientierten und veränderten.

Als Zufall, weil ich meinen Arbeitsplatz in einer sonderpädagogischen Institution
nahe meiner Lebenssituation erwarb,
weil sich damals nicht viele Arbeitsplätze boten,
weil ich diesen Challenge wollte,
weil mich plötzlich diese Art Schüler interessierten,
weil ich helfen wollte,
weil ich Lösungen wollte,
weil mich diese Kinder verstanden,
weil ich eine gewisse Empathie für diese Kinder empfand,
weil ich Gemeinsamkeiten mit meinem Leben entdeckte und diese wie früher heilen wollte,
weil führen, erziehen, Wissen beibringen ein ständiger Begleiter
meines Lebens waren
und ich wusste, dass ich eine gute Intuition hatte, und gelernt
hatte vollständig für die anderen da zu sein.

Konnte es jedoch auch sein, dass ich gewissermassen meine
existenziellen Probleme verdrängte und so mein Leben im Griff hatte.

Was ich nicht merkte, war, dass ich nur für die anderen da war, aber
mich in diesem Dasein komplett vergass. Ich merkte nicht, dass ich
gab bis zur Erschöpfung, nicht nur im Beruf, sondern auch in der
Familie, der Verwandtschaft und meinen Pseudofreunden; denn wo sind
sie, jetzt wo ich Hilfe und Unterstützung brauche, ja wo …

Sie fragen Drittpersonen, wie es mir geht, oder streichen mich von ihrem Leben wie zum Beispiel mein Bruder, ja dieser Bruder, den ich auferzogen habe, bis er mit 50 endlich Flügel bekam und, statt endlich seine Rolle als Bruder zu erkennen, mich absichtlich abstiess.

Der Psychiater kann noch lang sagen, Sie sind nicht schuld, doch ich bin schuld, denn niemand will mehr mit mir zu tun haben, niemand, nur weil ich nicht mehr so schnell bin, nicht mehr so kann wie früher. Muss ich denn immer perfekt sein, um dazuzugehören? Ist das der Sinn des Lebens?

5. KINDER BRAUCHEN MÄRCHEN

Während einer **Therapie** fragte mich die Ärztin, wie ich früher in dieser Unsicherheit Ressourcen fand, um weiter in diesem Angstzustand zu bestehen. Spontan sagte ich: „Beim Lesen von **Märchen**, in der Jugendgemeinschaft der Pfarrkirche und in fantasievollen Tagträumen, wo alles besser und schöner war, wie z. B. bei meinen Freundinnen."

Was jedoch viel Ruhe in dieses Chaos brachte, war das Märchenbuch der Gebrüder Grimm, die ganze Palette in einem alten Deutsch und einigen farbigen, detaillierten Illustrationen.

Viele Geschichten waren Balsam oder ein Trostpflaster und die Folge deren Antworten auf die innere Suche nach Verständnis für meine Lage, meine Rolle, mein Ich. Ich wusste damals noch nicht, wie mir diese Flucht in ein Märchen half.

Erst als ich später meinem Einzelkind das Märchen der sieben Geisslein immer wieder erzählen musste, mit der richtigen Intonation und Beschreibung der Bilder, suchte ich nach dem Warum. Die Antwort war: Welche Verantwortung hatte das kleine Geisslein als einzig Übriggebliebenes? Welch eine Freude hatte mein Kind jedes Mal auf das gute Ende und vor allem die gute Leistung des kleinen Geissleins. Er stellte immer wieder die gleichen Fragen zur Geschichte, er analysierte sie … gut. Es gab natürlich noch andere Märchen in dieser Art, die er liebte. Er spiegelte sich gerne in kleinen Helden.

Diese Geschichten gaben mir unbewusst Lösungen oder Antworten auf meinem Weg mit meinen Problemen. Auch ich suchte ein gutes Ende oder wollte wieder glücklich sein.

In den Märchen fand ich die Antwort auf Gut und Böse, ich fand Hilfe, das Gefühl, das mir in der Realität fremd und ohne sichere Zukunft war.
Ich las diese Geschichten, bevor ich einschlief. Sie beruhigten mich und wiegten mich in den ersehnten Schlaf.

Bis in die Pubertät hinein las ich diese Geschichten, einige davon wurden meine Lieblingsgeschichten. Ich war recht süchtig nach dem Inhalt, weil ich stets das Gute erahnen durfte. Auch die Bilder zu den Geschichten betrachtete ich detailhaft. Die Magie, der Ort waren das Skript für meine reellen Fantasien.

Nach der Therapie suchte ich nach weiteren Hintergründen, warum ich Märchen so brauchte. Ich stöberte im Internet und tippte mein Lieblingsmärchen auf Google: FRAU HOLLE.

Die Suche lohnte sich. Ich fand interessante Überlegungen allgemein zu Märchen, aber auch Antworten auf die Wahl meines Märchens.

Elfie Horak und Judith Tobias, Interpretationen von Märchen, Internet: ein Projekt der Charles-Hosie-Stiftung

Die Kraft der Märchen

Märchen können helfen, Kinder zu stabilen Erwachsenen zu erziehen. Märchen haben auch die Kraft, versäumte Entwicklungen nachzuholen.

Denn Märchen verzaubern nicht nur durch ihre ganz eigene Art der Sprache. In ihnen sind vor allem Ordnungsstrukturen des Lebens verborgen. Gut und böse, faul und fleissig, lieblich und grausam – Märchen erzählen von der Welt, wie sie ist, und spiegeln dabei doch immer eine Entwicklung zum Guten wider. Ihr Kind entwickelt unbewusst ein intuitives Gespür für den Lauf des Lebens. Mit Märchen geben Sie Ihrem Kind einen Kompass in die Hand, sodass es aus den chaotischen Gebieten oder Spannungen des Lebens immer wieder sicher herausfindet oder gar nicht erst hineingerät. Märchen sprechen das Unbewusste an und führen somit zu einer intuitiven Gewissheit über richtig und falsch im Leben. Märchen können Kindern helfen, sich aus dem Dickicht emotionaler Belastungen zu befreien und für sich Lösungswege zu finden, mit unsicheren und schwierigen Lebenssituationen zurechtzukommen. Märchen können auch für Erwachsene wertvolle Ratgeber sein: Viele Menschen glauben, Märchen seien ohne Frage unterhaltsame, doch beliebige Geschichten. Sie sind mehr: Sie erzählen von immerwährenden Gesetzen des Lebens, sie enthalten uralte Weisheiten, die helfen können, auf konkrete Lebensfragen Antworten zu finden. Sie wollen uns die Augen dafür öffnen, wie wir Lebensfehler vermeiden und ein erfülltes Leben führen können.

Das Geheimnis der Märchen

Märchen entführen uns nicht nur in eine längst vergangene Welt, in jedem Märchen ist ein Geheimnis verborgen: das Wissen darüber, wie die Strukturen dieser Welt geordnet sind.

Nach aussen erzählen uns Märchen Geschichten, die heute zu Recht als veraltet oder grausam erscheinen mögen. Dahinter jedoch, in den Tiefen symbolischer Bedeutung liegt ihr wahrer Schatz. Kinder erfassen intuitiv den hohen Wert dieses Schatzes; sie können von manchen Märchen nicht genug kriegen. Sie ahnen, in welch wunderbares Leben sie geboren sind und dass trotz allem, ob Kummer, Entbehrungen, Scheidung der Eltern oder Tod, das Leben einen Weg bereithält, der sie glücklich und zufrieden machen kann.

Das Märchen: *Frau Holle*

Eine Witwe hatte zwei Töchter, davon war die eine schön und fleissig, die andere hässlich und faul. Sie hatte aber die hässliche und faule, weil sie ihre rechte Tochter war, viel lieber, und die andere musste alle Arbeit tun und das Aschenputtel im Hause sein. Das arme Mädchen musste sich täglich auf die grosse Strasse bei einem Brunnen setzen und musste so viel spinnen, dass ihm das Blut aus den Fingern sprang. Nun trug es sich zu, dass die Spule einmal ganz blutig war, da bückte es sich damit in den Brunnen und wollte sie abwaschen: Sie sprang ihm aber aus der Hand und fiel hinab. Es weinte, lief zur Stiefmutter und erzählte ihr das Unglück. Sie schalt es aber so heftig und war so unbarmherzig, dass sie sprach: „Hast du die Spule hinunterfallen lassen, so hol sie auch wieder heraus." Da ging das Mädchen zu dem Brunnen zurück und wusste nicht, was es anfangen sollte: Und in seiner Herzensangst sprang es in den Brunnen hinein, um die Spule zu holen. Es verlor die Besinnung, und als es erwachte und wieder zu sich selbst kam, war es auf einer schönen Wiese, wo die Sonne schien und viel tausend Blumen standen. Auf dieser Wiese ging es fort und kam zu einem Backofen, der war voller Brot; das Brot aber rief: „Ach, zieh mich raus, zieh mich raus, sonst verbrenn ich: Ich bin schon längst ausgebacken." Da trat es herzu, und holte mit dem Brotschieber alles nacheinander heraus. Danach ging es weiter und kam zu einem Baum, der hing voll Äpfel und rief ihm zu: „Ach schüttel mich, schüttel mich, wir Äpfel sind alle miteinander reif!" Da schüttelte es den Baum, dass die Äpfel fielen, als regneten sie, und schüttelte, bis keiner mehr oben war; und als es alle in einen Haufen zusammengelegt hatte, ging es wieder weiter. Endlich kam es zu einem kleinen Haus, daraus guckte eine alte Frau; weil sie aber so grosse Zähne hatte, ward ihm Angst, und es wollte fortlaufen. Die alte Frau aber rief ihm nach: „Was fürchtest du dich, liebes Kind? Bleib bei mir, wenn du alle Arbeit im Hause ordentlich tun willst, du, so soll es dir gut gehen. Du musst nur acht-geben, dass du mein Bett gut machst und es fleissig aufschüttelst, du, dass die Federn fliegen, dann schneit es in der Welt; ich bin die Frau Holle." Weil die Alte ihm so gut zusprach, so fasste sich das Mädchen ein Herz, willigte ein und begab sich in ihren Dienst. Es besorgte auch alles nach ihrer Zufriedenheit und schüttelte ihr das Bett immer gewaltig auf, dass die Federn wie Schneeflocken umher-flogen; dafür hatte es auch ein gut' Leben bei ihr, kein böses Wort und alle Tage Gesottenes und Gebratenes. Nun war es eine Zeit lang bei der Frau Holle, da ward es traurig und wusste anfangs selbst nicht, was ihm fehlte, endlich merkte es, dass es Heimweh war; ob es ihm hier gleich viel tausendmal besser ging als zu Haus, so hatte es doch ein Verlangen dahin. Endlich sagte es zu ihr: „Ich habe den Jammer nach Haus 'kriegt, und wenn es mir auch noch so gut hier unten geht, so kann ich doch nicht länger bleiben, ich muss wieder hinauf zu den Meinigen." Die Frau Holle sagte: „Es gefällt mir, dass du wieder nach Haus verlangst, du, und weil du mir so treu gedient hast, so will ich dich selbst wieder hinaufbringen." Sie nahm es darauf bei der Hand und führte es vor ein grosses Tor. Das Tor ward aufgetan, und wie das Mädchen gerade darunter stand, fiel ein gewaltiger Goldregen, und alles Gold blieb an ihm hängen, sodass es über und über davon bedeckt war. „Das sollst du haben, weil du so fleissig gewesen bist", sprach die Frau Holle und gab ihm auch die Spule wieder, die ihm in den Brunnen gefallen war. Darauf ward das Tor verschlossen, und das Mädchen befand sich oben auf der Welt, nicht weit von seiner Mutter Haus: und als es in den Hof kam, sass der Hahn auf dem Brunnen und rief:

„Kikeriki,
unsere goldene Jungfrau ist
wieder hie."

Da ging es hinein zu seiner Mutter, und weil es so mit Gold bedeckt ankam, ward es von ihr und der Schwester gut aufgenommen.

Das Mädchen erzählte alles, was ihm begegnet war, und als die Mutter hörte, wie es zu dem grossen Reichtum gekommen war, wollte sie der andern hässlichen und faulen Tochter gerne dasselbe Glück verschaffen. Sie musste sich an den Brunnen setzen und spinnen; und damit ihre Spule blutig ward, stach sie sich in die Finger und stiess sich die Hand in die Dornhecke. Dann warf sie die Spule in den Brunnen und sprang selber hinein. Sie kam, wie die andere, auf die schöne Wiese und ging auf demselben Pfade weiter. Als sie zu dem Backofen gelangte, schrie das Brot wieder: „Ach, zieh mich raus, zieh mich raus, sonst verbrenn ich, ich bin schon längst ausgebacken." Die Faule aber antwortete: „Da hätte ich Lust, mich schmutzig zu machen", und ging fort. Bald kam sie zu dem Apfelbaum, der rief: „Ach, schüttel mich, schüttel mich, wir Äpfel sind alle miteinander reif." Sie antwortete aber: „Du kommst mir recht, es könnte mir einer auf den Kopf fallen", und ging damit weiter. Als sie vor der Frau Holles Haus kam, fürchtete sie sich nicht, weil sie von ihren grossen Zähnen schon gehört hatte, und verdingte sich gleich zu ihr. Am ersten Tag tat sie sich Gewalt an, war fleissig und folgte der Frau Holle, wenn sie ihr etwas sagte, denn sie dachte an das viele Gold, das sie ihr schenken würde; am zweiten Tag aber fing sie schon an zu faulenzen, am dritten noch mehr, da wollte sie morgens gar nicht aufstehen. Sie machte auch der Frau Holle das Bett nicht, wie sich's gebührte, und schüttelte es nicht, dass die Federn aufflogen. Das ward die Frau Holle bald müde und sagte ihr den Dienst auf. Die Faule war das wohl zufrieden und meinte, nun würde der Goldregen kommen; die Frau Holle führte sie auch zu dem Tor, als sie aber darunterstand, ward statt des Goldes ein grosser

Kessel voll Pech ausgeschüttet. „Das
ist zur Belohnung deiner Dienste",
sagte die Frau Holle und schloss das
Tor zu. Da kam die Faule heim, aber
sie war ganz mit Pech bedeckt, und
der Hahn auf dem Brunnen, als er
sie sah, rief:

„Kikeriki,
unsere schmutzige Jungfrau ist
wieder hie."

Das Pech aber blieb fest an ihr
hängen und wollte, solange sie lebte,
nicht abgehen.

Der Brunnen der Belohnung: positiv

FREI, AKZEPTANZ, FREUNDE, ENTSPANNUNG, WILLE, ZIELSTREBIG, SELBSTBEWUSST, LIEBE, ZÄRTLICHKEIT, GEBORGENHEIT, VERTRAUEN, KRAFT, IDEENREICH, ANGESEHEN, LUSTIG, LACHEN, VERLIEBT, SICHERHEIT, KREATIVITÄT, HEIMAT, VERSTÄNDNIS, LUST, FREUDE, TATENKRÄFTIG, MUT, RUHE, KLARHEIT, EMPATHIE, FÜRSORGE, LEBEN ALS GESCHENK, FÜHREN, LEITEN, ERZIEHEN, GEBEN, GESCHENK, WACHSEN, VERINNERLICHEN, GEDEIHEN, TRANSFER, BAUEN, GLÜCKLICH, HOFFNUNG, FRIEDEN, TATKRÄFTIG, AUSGEWOGEN, GESUNDHEIT, FRÖHLICHKEIT, GEMEINSAMKEIT, LACHEN, SCHÖNHEIT, KONZENTRIERT, ACHTSAM, VEREINT, VERTRAUEN, AKZEPTANZ, FRIEDEN, MASSAGE, STREICHELEINHEITEN, KÜSSCHEN, GLEICHMÄSSIGES ATMEN, VEREINT, FAMILIE, DAS INNERE KIND, ZUNEIGUNG, RUHE, ZUFRIEDENHEIT, ANGENEHM.

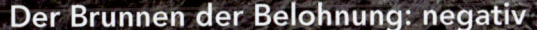

ERPRESSUNG, TRAURIG, HASS, BRÜLLEN, WEINKRAMPF, ANGST, EINSAM, ALBTRÄUME, KRAMPF, KAMPF, FLIEHEN, VERMEIDEN, TODESANGST, ZWANG, PANIK, PANIKATTACKEN, ANGST VOR DER ANGST, ALLEIN, GRÜBELN, KEINE STRUKTUR, SCHLAFPROBLEME, KONZENTRATIONSSCHWIERIGKEITEN, VERGESSEN, MISSVERSTEHEN, ÜBERTREIBEN, MEDIKAMENTE, MEDIKAMENTENMISSBRAUCH, KEIN SELBSTVERTRAUEN, VERLIEREN, SICH AUFGEBEN, HÖLLE, GEFÄNGNIS, MOBBING, EIFERSUCHT, KONKURRENZ, ÜBERARBEITET, IMMER GEBEN, UNVERSTÄNDNIS, VERWAHRLOSUNG, KINDESMISSBRAUCH, ÜBERFORDERUNG, SCHULDGEFÜHLE, NAIVITÄT, REGELN, GESETZESVERLETZUNG, SCHLAGEN, SCHLANGEN, DUNKELHEIT, PESSIMISMUS, KRAFTLOS, LANGSAM, UNACHTSAM, MARGINAL, STIGMATISIERT, UNVERSTÄNDNIS, ENG, DRECK, SPITZIG, BETRUNKEN, DROGENABHÄNGIG, GRAFITIS, RESPEKTLOS, ÜBERHEBLICH, KRANK, STRUKTURLOS, BAKTERIEN, BLUT, ANSTECKEN, STERBEN, UNREALISTISCHE FILME, ERSCHÖPFUNG, RASTLOS, UNTÄTIG, UNFÄHIG, ÜBELKEIT, SELBSTMORDGEDANKEN, HILFE, VERSTECKEN, PHOBIE, AUREN, ZERFALL, BEDROHUNG, ANSCHREIEN, FEINDSELIGKEIT, UNERWÜNSCHT, UNGELIEBT, UNKLAR, AUSLACHEN, DIFFUS, ERSCHRECKEN, UNTERWÜRFIGKEIT, MAGENKRÄMPFE, INNERE LEERE, BEVORMUNDEN, UNKENNTNIS, UNVERSTÄNDNIS, ERSCHÖPFUNG, ANGST, VERLOREN, VERSTOSSEN, SKLAVE, NUMMER, VERGLEICHEN, VERSAGEN, BESCHIMPFEN, RESPEKTLOS, SOLARPLEXUS, RÜCKENSCHMERZEN, KONFLIKT MIT EHEPARTNER, UNVERSTÄNDNIS, DRUCK, SCHMERZ, KONTROLLE, HASS, ZITTERN, EIFERSUCHT, MACHT, VERMEIDEN, HINTERGEHEN, BEFEHLEN, KOMPULSIV SEIN, UNRUHE, MISSVERSTÄNDNIS, WEINEN, GLEICHGEWICHTSPROBLEME, NEBENWIRKUNGEN, KOMPLEXE.

Die Suche nach dem Gleichgewicht des Brunneninhaltes

Kernaussage

Welche Kernaussage möchte uns das Märchen mitteilen?

Die Kernaussage des Märchens Frau Holle berichtet davon, dass eine Frau nur dann Glück und Zufriedenheit erfahren kann, wenn sie den Kontakt zu sich selbst immer wiederherstellt!

Wann immer uns das Leben von uns selbst, von unserem Inneren wegführt, müssen wir uns darum bemühen, wieder zu uns selbst zu finden. Je besser dies gelingt, desto mehr wird das Leben das geben, was sich eine Frau ersehnt!

Wer sich nur von dem äusseren Schein der Dinge lenken lässt und nur etwas tut, weil es ihm etwas einbringt, wird den Kontakt zu sich selbst verlieren. Müdigkeit, Unzufriedenheit und Unglück sind die Folge!

Frau Holle hilft

Für wen ist Frau Holle besonders hilfreich?

Das Märchen Frau Holle hilft allen Mädchen und Frauen, die sich mehr Zeit mit ihren Eltern, insbesondere mit ihrem Vater wünschen oder gewünscht haben.

Welche Hilfe bietet Frau Holle?

Das Märchen hilft einem Mädchen bei seiner Entwicklung zur Frau. Für eine gesunde weibliche Entwicklung braucht ein Mädchen idealerweise Mutter und Vater. Denn der emotionale männliche Einfluss des Vaters fördert normalerweise die weibliche Entwicklung einer Frau.

Wenn ein Mädchen keinen Vater hat oder zu wenig von seinem Vater hat, so besteht die Gefahr, dass ein junges Mädchen Probleme in seiner Entwicklung zur Frau bekommt.

Typisch weibliche Erkrankungen wie Essstörungen oder Bulimie können die Folge sein.

Hat eine Frau das Gefühl, erschöpft und ausgebrannt zu sein, nicht aus ihrer Mitte heraus zu leben, sondern innerlich zerrissen zu sein, ständig auf der Suche nach dem, was sie zufrieden machen könnte, so deutet dies auf Defizite in der weiblichen Entwicklung hin.

Welchen Weg weist uns Frau Holle?

Die Entwicklung zur Frau ist der Weg in ihre eigene Mitte, zu ihrem innersten Kern, zum kleinen Haus der Frau Holle, wie dieser Ort im Märchen genannt wird. Wer diesen Weg geht, findet zu seinem Gleichgewicht. Er kommt in Einklang mit sich selbst, und Unzufriedenheiten verschwinden. Innere Leere füllt sich auf. Eine Frau wird kraftvoll und fröhlich und kann aus ihrer innersten Mitte heraus leben.

Elfie Horak und Judith Tobias: Interpretationen von Märchen, Internet: ein Projekt der Charles-Hosie-Stiftung

6. DER INNERE UND ÄUSSERE HALT

Seit drei Jahren stehe ich morgens auf:
mit einem Herzen, das weint,
mit einem Gefühl, nicht zu wissen, wie der Tag verläuft.

Ich hasse den Anfang des Tages, weil ich nicht weiss, was er bringt. Ich muss Struktur in den Tag bringen, sonst grüble ich in meinem Kopf herum;
nach Ängsten, nach dem **Warum** meiner Situation.

Ich habe Angst vor der Angst, weil ich an diese Welt mit ihrem Egoismus, den Erwartungen, den Gesprächen, den Verhandlungen um eine bessere Welt nicht mehr glaube.

Warum: weil das Wesentliche, die inneren Werte sich verändert haben.

Man wird der inneren Freiheit beraubt und bezüglich des inneren Glaubens manipuliert.
Das Wesentliche wird so verändert, dass man in einem Leben des Kapitalismus bestehen muss, um die innere Würde, die Balance der Produktivität aufrechtzuerhalten. Gelingt dies nicht, verliert man den Boden unter den Füssen, man wird krank, nachdenklich, dies bis zur **Verlorenheit**.
Verlorenheit ist die Zeit, in der man am liebsten fliehen möchte, sei es in seine innere oder äussere Heimat, die uns Schutz geben sollte.

Der Sinn des Lebens:

Leben, erleben, verinnerlichen, geben, vergeben

Meine Philosophie

„ZIEL VON ERZIEHUNG IST DER AUFBAU DES INNEREN HALTES BEI JEDEM EINZELNEN." (vergl. Paul Moor)

„Erwachsene, primär die Eltern, später Lehrpersonen usw., begleiten Kinder und Jugendliche im Aufbau dieses inneren Haltes. Kommt ein Kind auf die Welt, ist Letzterer noch kaum entwickelt, und das Kind ist darauf angewiesen, dass die Eltern ihm diesen Halt geben. In der Folge will er gefördert, gelockt, unterstützt, gefestigt, geübt werden – und vieles mehr.
Die Bewegung in Richtung des inneren Haltes beginnt ganz nah bei der Mutter, in der Familie, weitet sich nach und nach aus, in dem Mass, wie Fähigkeiten und Fertigkeiten des Kindes wachsen. Das Fernziel ist die Selbstständigkeit.
Der äussere Halt ist einfach da und stellt trotz Erfahrungen des Getrennt seins einen Garanten für Sicherheit, Vertrauen und Beziehung dar.
Die Qualitäten, Formen und Anforderungen des äusseren Haltes wandeln sich im Laufe der Zeit stark, sie passen sich dem Entwicklungsstand des Kindes an, manchmal wie von selbst, manchmal mit starken ‚Wehen'. Ohne den äusseren Halt kann der innere Halt, das Vertrauen in das eigene Ich, nicht wachsen. (Marc Getzmann ...)."

Man sucht nach dem Sinn des Lebens und ist einem Kampf des Überlebens ausgesetzt, nach sich ändernden Regeln, nach Überforderung des Alltags, nach ständiger Unruhe.

Seit drei Jahren suche ich den Sinn des Lebens.
Ich fand Trauer,
Manipulation,
Kontrolle,
Entwertung,
Lügen
und vor allem Ängste, den Tag zu bewältigen,
weil die Nacht nicht die gebrachte Ruhe zutage fliessen liess.

Es gibt Leute, die stark genug sind, stets zu kämpfen, den anderen zu überholen, um Zufriedenheit zu spüren.
Es gibt Leute, die mit virtuellen Spielen, mit eintönigen Kommunikationsmitteln, gerne den Tag verspielen.
Ohne Computer (Denk- und Speichermaschine) und Handy (der zuverlässige Freund) findet kaum ein Austausch mehr statt, wo alle unsere Sinne Befriedigung bringen und bekommen.
Mit all diesen technischen Mitteln geht Wesentliches verloren.
Vor allem die Zeit, in der unsere Sinne gerne zu Worte kommen möchten; wie ein Lachen, eine Streicheleinheit, ein gemeinsames Essen, ein Konzert hören.
Man hat plötzlich keine Zeit mehr für den anderen, den Lebensgefährten, das Kind, den Freund.
Man hat die Zeit des achtsamen Lebens mit seinen Urbedürfnissen ersetzt.

Die vier Jahreszeiten schenken uns jedes Jahr eine Palette von Kommunikation. Schenken wir ihr noch diesen Wert ...

„Dialog der beiden Hände"

Erziehung kann mit dem Dialog unserer beiden Hände verglichen werden, wobei die beiden Hände die zwei wesentlichen Aspekte gelingender Erziehung symbolisieren.

Dieser bildliche Erziehungsdialog beginnt mit der linken Hand. Sie ist nahe beim Herzen und mit diesem verbunden. In die linke Hand wird das Kind bildlich hineingeboren, von ihr wird es nach der Geburt getragen, gehalten und genährt. Sie ist Sinnbild für die oben beschriebene Phase des DASEINS. Die linke Hand trägt, schützt, sorgt und ist einfach da, ohne Wenn und Aber. Sie legt den Grundstein für das Urvertrauen des Kindes. Nichts braucht das Kind in dieser Zeit zu müssen. Auf und in dieser Hand fühlt es sich einfach wohl, nichts mangelt. Auf dieser Hand erfährt es sich angenommen mit allem, was zu ihm gehört. Es erfährt die Grunderlaubnis, DA ZU SEIN, Platz zu haben, dazuzugehören zu dem sich weitenden Kreis seiner Wahrnehmung „seiner Welt".

Später, wenn diese Grundsicherheit und dieses Grundvertrauen angebahnt sind, wird sachte und klar die rechte Hand aktiv, immer auf der Grundlage der tragenden linken Hand.

Die rechte Hand ist Handeln. Ergänzend und immer im Kontakt mit der linken Hand fördert und fordert die rechte Hand, sie begrenzt und schützt aktiv, sie traut und mutet dem Kind Entwicklung, Welt und Realität zu. Sie zeigt und erklärt, sie weist auf realistische Ziele hin und unterstützt aktiv auf dem Weg zum Erfolg.

So stehen die beiden Hände im Dienste des Aufbaus des inneren Haltes.

Auf diesem Weg erwerben die Eltern bzw. die Lehrpersonen im Laufe der Entwicklung der Kinder und Jugendlichen neue und erweiterte „DIALOGKOMPETENZEN".

Wenn die Eltern die Fähigkeit, hineinzuhorchen, hinzufühlen und hinzuschauen auf ihr Kind, nicht verlernt haben, werden ihre beiden Hände die passenden Antworten entwickeln.

Zusammen ergeben die beiden Hände das Ganze, und das Ganze hat eine Reihenfolge und braucht Zeit.

Entwicklungshemmende Aspekte der beiden Hände

Wenn nur die linke, tragende und nährende Hand wirkt, ohne die Ergänzung der rechten, kehrt sich ihr Segen zum Nachteil. Wenn die linke Hand das Kind vor dem Leben schützen will und sich immer mehr um dieses schliesst, erstickt das Kind an Überfürsorge, es verliert den Kontakt zur Welt und kann sein Eigenes nicht entwickeln.

Anstelle von Vertrauen wächst Leere, Hoffnungslosigkeit und Angst. Auch die Welt und die Beziehungen werden leer. Die Nähe, die im guten Mass ein grosses Geschenk darstellt, wird so zur Bedrohung und engt ein, führt zur Resignation. Kinder lassen dann oft das Leben „über sich ergehen".

Wenn anderseits die rechte Hand den Bezug zur linken Hand verliert, wenn Förderung, Begrenzung nicht von Zuwendung, Liebe und Fürsorge getragen werden, wandelt sich die unterstützende Kraft in abwertende, kalte und entmenschlichte Massnahmen. Leistung um der Leistung willen, Gehorsam um des Gehorsams willen ist destruktiv, erzeugt Angst, führt zu Rückzug, zu Depression oder Aggression (Marc Getzmann).

Seit drei Jahren beobachte ich nun diese Welt der
Kommunikation und ihrer Wertschätzung.
Ich stehe morgens nicht gerne
auf, weil ich das Ursprüngliche, das Einfache, was zum Glück gehört, vermisse:

Die Zeit für andere, das Zuhören und Geben.

Die starke, lebenslustige, spontane Persönlichkeit in mir.

Ich suche die einfachen Werte, die das Glück ausmachen, vergebens.
Ich tappe im Dunkeln herum.
Warum …?

Weil **mein innerer Halt** nicht so gut und reibungslos entstanden ist.
Mein Leben ist voller unbeantworteter Fragen, oder Antworten, die nicht so klar sind.

Das innere Kind sucht die Antwort

Jeden Tag mit einem leeren Blick und einem zitternden Körper.

Geschehnisse, die einem wehtaten, bekamen plötzlich wieder ihren Platz.
Sie waren lange in einer geschlossenen Schublade in meinem Kopf.

Geschehnisse, die mir im Kindesalter Angst, Unverständnis und Alleinsein verschafften, wurden durch heutige Situationen, durch Filme, durch Geschehnisse einfach wieder wachgerüttelt.

Eine Einsamkeit, eine Ohnmacht der Überforderung trat wieder ans Tageslicht.

Was ich früher vermisst hatte, trat wieder zum Vorschein.
Ich fand mich wieder, unerwünscht, unmodern, marginal auf dieser Erde.

Ein Geschehnis, ein Brand hatte das kleine Kind in mir geweckt und erschreckt.

Was kam hervor?

Was hatte ich verdrängt?

Als kleines fünfjähriges Kind merkte ich plötzlich, dass ich anders lebte als meine Spielkameraden.
Etwas war nicht gleich bei mir zu Hause.
Etwas stimmte mit meiner Mama und meinem Papa nicht.
Ich bekam, als ich vier Jahre alt war, ein kleines Brüderchen, beobachtete, wie man es pflegte und auf es zuging.

Ich wurde plötzlich zu einem unruhigen Beobachter. Mein Leben und das meines Bruders war anders.
Die Zeit der Erinnerung, des Vergleichens, des Wissens über gut und schlecht war geboren und in mir sehr präsent, so präsent, dass ich Gefahr witterte statt Geborgenheit.

Meine Eltern waren nicht wie andere Eltern präsent in unserem Leben. Mein Instinkt sagte, du musst erwachsen werden, ihre Rollen übernehmen, so gut es geht.
Ich habe einen Bruder, eine Verantwortung.
Mich muss ich dabei vergessen.
Ich wurde dabei von der Verwandtschaft als tüchtiges, selbständiges Mädchen gelobt, das ich gar nicht sein wollte.
Alle sahen nur die gewinnbringende Seite, dass ich litt, sah niemand.

Ich durfte auch niemandem sagen, was ich tat oder beobachtete.

Wir waren recht arm zu Hause, kein Geld, aber auch wissensarm. Wir wurden erzogen ohne Impulsgebung, ohne alltägliche normale Rituale.
Die Regelmässigkeiten, die erlebt wurden, waren mit Scham, Ekel überschattet.
Bald merkte ich, dass meine Mama überfordert war.
Sie schenkte keine Liebe, sie war da, falsch, nicht richtig. Sie machte die alltäglichen Sachen nicht richtig.
Sie pflegte mein Brüderchen nicht richtig.
Da er dadurch viel weinte, bekam er einen Schnuller mit Konfitüre darauf.
Das war mein erster Job, ich musste ihn so füttern und stillhalten,
obwohl ich wusste, dass dies für seine Zähnchen nicht gut war und als Beruhigung nicht anhielt. Aber es war mein Job.
Mich vergass man als Kind, ich wurde nach und nach die richtige Hälfte meiner Mutter, die sich fragte, warum sie die falsche auslebte und warum ihr niemand half, ausser mir.

Ich wuchs weiter so heran, passte meine Rolle als Pseudomutter stets neuen Situationen an und lernte dabei mein Metier, meine Berufung kennen: Heilpädagogin.

Inzwischen hatte ich bemerkt, dass meine Mutter nicht in einem Einklang mit meinem Vater lebte, dass sie von ihren Geschwistern ausgenutzt wurde und sich ständig mit Kopfschmerzen in eine eigene Welt zurückzog.

Sie hatte ein Mittel gefunden, das sie den Alltag, der immer schwieriger wurde, vergessen liess.
Eine Truglösung; MEDIKAMENTE OHNE REZEPT UND SPÄTER ALKOHOL DAZU.

JETZT FING ICH AN, VOR ANGST UMS ÜBERLEBEN, ZU KONTROLLIEREN.

ICH BEKAM ANGST, DIESE KONTROLLE ZU VERNACHLÄSSIGEN ODER ZU VERGESSEN.

Ich musste nebenbei auch für mich schauen, aufwachsen, gedeihen, lernen, speichern, verinnerlichen, alles Mögliche, was dazugehört, um im Leben zu bestehen, Halt ohne Halt, Lob und Zuversicht.

Was waren diese Kontrollen:

Am Abend den Mülleimer kontrollieren, wenn alle im Bett waren, da meine Mutter haufenweise Zigarettenstummel von meinem Vater in den Mülleimer schoss, ohne zu kontrollieren, ob sie alle auch wirklich gelöscht waren, kontrollieren, dass die Wohnung einigermassen sauber war, wenn ich eine Freundin einladen wollte, was aus Ekel immer weniger der Fall wurde,

kontrollieren, dass ich und mein Bruder sauber und gepflegt aus der Türe traten,

kontrollieren, dass der Herd abgeschaltet war, das Bügeleisen richtig versorgt wurde,

kontrollieren, dass keine Tabletten sichtbar waren. Ich suchte überall.

Mit der Zeit wechselten ich und mein Bruder uns durch den Tag hindurch ab, wer in der Schulpause kontrollieren ging, dass nichts zu Hause abfackelte, oder sogar, dass meine Mutter gepflegt wurde, wenn sie sich verbrannte und vieles mehr …

Das Gespräch zu Hause fand nicht statt oder war auf gewisse Fragen hin tabu.

Stimmte etwas nicht, war ich schuld. Ich bekam von meinem Vater als Antwort viele Schimpfwörter und immer dieses „Du musst der Mama mehr helfen" oder in der Wut auch Schläge, harte Schläge. Ich wusste nicht, warum. Ich war einfach schuld.

Ich weiss, einmal schrie ich im Bett zu meinen Eltern: „WARUM HABT IHR UNS AUF DIE WELT GETAN! IHR LIEBT UNS JA GAR NICHT!"

Ich bekam zunehmend eine neblige, unüberschaubare Angst, vor allem, als es Zeit war, wo mein Vater am Abend heimkam.

Hatte ich alles im Griff und richtig im Griff? Ich wusste es nie.

Ich wollte, so gut es ging, Mama auf ihren Zustand aufmerksam machen. Es misslang immer mehr, sie lallte etwas Unverständliches vor sich hin, das Sofa wurde immer mehr zu ihrer Heimat: Sie pflegte sich kaum noch und starrte völlig apathisch in den Fernseher.

Zwischendurch gab es immer wieder Lichtpunkte, wo meine Mutter präsenter war, warum? Ich weiss es noch heute nicht.

Mit meinen Eltern auszugehen, war beschämend.
Ich konnte nichts machen als in den Tag hineinzuleben mit viel Intelligenz, aber auch mit wachsender Resignation.

Es gab zum Glück Rettungsinseln, wohin ich flüchtete und wo ich zu Hause war, gute und vorbildliche:

- **Die Jubla**, ein christlicher Verein, wo sich Kinder in einer Pfarrgemeinde trafen und miteinander spielten, lachten, ja lebten. Diese Zeiten waren auch gekrönt mit Regeln, Ritualen, Regelmässigkeiten und kreativen Impulsen.
Ich flüchtete, so viel ich konnte, in dieses Paradies, das mir einen positiven Halt vermittelte.

- **Das Malen** mit Caro Pesani, wo ich eine Spur meiner Verkrampftheit, einen Moment lang, verlor.

- **Die grosse Liebe**, auf die ich stolz war.

- Es gab auch **Mentoren**, so nenne ich sie, die mir meinen Weg auf den Geleisen bahnten und mir in meiner Geld- wie Seelennot halfen:
ein lieber und verständnisvoller Pfarrer,
der mir etwas wie eine Vaterrolle vermittelte.
Ein Schuldirektor, der meinen Eltern zusprach, mich dank einer Börse studieren zu lassen.
Ein Schulpräfekt, bei dem ich meinen Kummer ausweinen konnte.

Aber es gab da noch etwas, ein Geheimnis, eine Insel, die ich als Schulkind immer wieder aufsuchte.
Eine Insel falscher manipulativen Liebe und Zuneigung. Ich war nicht das einzige Mädchen, das diesen kuriosen, immer wieder anziehenden Ort mit einem Mann heimsuchte.
Manchmal bekam ich für einen Dienst **vom Mann**, dem Hausabwart, eine
Schleckware, aber manchmal machte er mir weh, so weh, dass ich fortrannte mit schleimigem Zeug an meinen Beinen. Ich flüchtete vor den Schmerzen und vor dem grossen Fragezeichen vorerst an ein sicheres Versteck, wo ich für einen Moment aus dem Körper flüchtete, um Leben zu tanken, um nachher nach Hause zu gelangen.
Auch hier wusste ich, es war eine falsche Insel.
Da stimmte etwas nicht:
Ich erzählte meinen Eltern nichts davon, ich wusch mit Toilettenpapier den Schleim ab und warf ihn in die Toilette.
Ich wurde traumatisiert, von all dem Dreck, den ich sah, und dem Unverständnis, das man mir entgegenbrachte.
Zum Glück wurde diese Insel entdeckt und diese Person dementsprechend verurteilt. Was geschehen war, war falsch, ansonsten war diese Sache erledigt, weggewischt.

So wuchs ich auf, bis ich 20 wurde und endlich meinen Mut packte, meine Mutter mit der Ambulanz ins Spital führen zu lassen, ohne Einwilligung meines Vaters.

Ich hatte vor Angst etwas geschafft, was ich mir nie zugetraut hätte, ich hatte meine Mutter gerettet und mir eine Verschnaufpause gegönnt.

Diese Jahre hatten mich geprägt, zu Hause negativ, in der Jubla positiv. Ich wollte andere Kinder erziehen nach der Philosophie von Moor, (...) und der Hingabe und der Einfühlsamkeit der Persönlichkeit von Maria Montessori.

Ich habe mich zur schulischen Heilpädagogin und später zum Mediator ausbilden lassen, da ich die Intuition, das Gespür, die Empathie, die Kreativität und die Zeit hatte, mit Freude und Überzeugung zu unterrichten im Respekt zu mir selbst, zu anderen und zuletzt der Umwelt.
Es war mir stets wichtig, mich um das Wohlergehen jedes einzelnen Schülers zu kümmern.
Die schlechten Erfahrungen wurden von positiven Ereignissen übermannt nd in eine Schublade in meinem Kopf weggeräumt.

Durch den Beruf, den ich ausübte, kamen diese Zeiten als Erinnerung wieder hoch, wurden jedoch sofort analysiert und kanalisiert und wieder vergessen oder mit Entschuldigungen verdrängt (war ja nicht so schlimm).

Ich lebte dieses Dasein mit vollem Einsatz und vergass meine Selbstfürsorge. Mit der Zeit traten innerliche Spannungen auf, eine gewisse Müdigkeit setzte sich ein. Ich war erschöpft, wovon:

Von meinem Einsatz
Von meiner Vergangenheit
Von meinem Beruf
Von meiner Rolle als Mutter
Von meiner Rolle als Ehepartnerin
Von meiner Rolle in ständiger Besorgnis um meinen Bruder
Von meiner Rolle als Perfektionist
Von meiner Rolle zu geben, ohne zu nehmen
Von meiner Rolle in der Gemeinschaft
Von meiner Rolle, nach Anerkennung zu streben
Von meiner Rolle, die Menschen zu verstehen und ihnen zu helfen.

Von meiner Rolle nach der Suche
ständiger Zuneigung
Von meiner Rolle mehrere Rollen
auf einmal zu leben
Von meiner Rolle pflichtmässig bis
zum Tode für meine Eltern zu
sorgen

Ich kriege keine Luft mehr, wenn
ich dies schreibe.
Ich atme schlecht und bin
erschöpft, weiter …

Ich musste langsamer werden,
Für mich schauen,
Bewusster leben.
Entspannen,
Achtsamer leben,
Die einfachen Werte wieder
geniessen.

Ich musste und muss Bücher
schliessen, die mir nichts mehr
bedeuteten.
Ich musste und muss Bücher
schliessen, die mir sehr weh
taten.

Ich muss wieder lernen, meine
eigenen Grenzen zu spüren.
Ich muss wieder lernen, **achtsam**
mit mir umzugehen.

Der Körper, meine Seele, mein
Gedächtnis sagten plötzlich STOPP.
Es war schon zu spät, ich hatte
die Bremse trotz Warnungen gut
gemeinter Leute zu spät gezogen
und machte in einem Tunnel der
Verwirrung halt.

Und ich geriet in die Hölle.
Ich geriet in Vergessenheit.

Man manipulierte mich.
Man kontrollierte mich.
Man mobbte mich.
Gerüchte beschrieben mich.
Leute mieden mich wie die Pest.
Leute beteuerten, was mich schon immer umgab: Neid, Ausnutzung.

Ich wurde in ein psychiatrisches Spital verbannt, das mich nicht kennenlernen wollte, aber mit falschen Medikamenten vollstopfte, in einem Milieu, das mir nicht entsprach, mir Angst machte, noch mehr Angst → kürzer als kurz.
Ich traute niemandem mehr.
Ich konnte der Welt nicht mehr Glauben schenken.
Ich konnte nicht mehr zuhören.
Ich geriet in Panik. w
Trotz Medikamenten und einer Pseudotherapie wollte ich nicht mehr leben.
Mein ganzer Körper schrie vor Angst und Schmerzen.
Ich bekam unrealistische Ängste; vor Schmutz, Dreck, Blut, betrunkenen Leuten, Drogensüchtigen und spitzigen Sachen.

Zu Hause hatte ich Angst vor Müllentsorgung, vor falschem Putzen, Sachen zu verlegen oder zu verstecken.
Draussen machte mir der Rummel in den Strassen und Geschäften das Leben schwer. Ich hatte Angst, etwas zu vergessen oder fremde Leute anzurühren.

Alles wurde mir fremd. Ich klammerte mich an Kontrollängste, benützte meinen Mann und meinen Sohn wie ein Tyrann als Beweismittel.

Ich schrieb meine Taten und Schritte in ein Heft, das ich unterschreiben liess, wenn etwas ausser Kontrolle geriet. Wenn mir niemand auf Anhieb half, fing ich an zu heulen, wurde hysterisch oder bekam eine Panikattacke. Scherben und spitzige Sachen begleiteten mich durch den Tag, sodass sogar Meeressalzkörner wie Reiskörner mich aus der Fassung brachten.

Manchmal war alles so irreal und schmerzhaft, dass ich aus meinem Körper hinausstieg, keinen Boden mehr spürte, nichts mehr spürte, nur neben mir war.

Zunehmend fingen auch die Depersonalisationen statt, wo ich in verschiedene Altersstufen fiel und mich dementsprechend fürchtete, da diese Momente erlebt, verinnerlicht wurden und einer furchterregenden Zeitspanne meines Lebens zugehörten. Ich weiss noch, dass mein Mann in Gegenwart meines Therapeuten sagte: „Ich weiss nicht, warum sie bei ihren Depersonalisationen während ihrer Spaziergänge nicht wenigstens das Handy mitnahm." Der Therapeut sagte: „Ganz einfach, weil sie als fünfjähriges Mädchen das Handy noch gar nicht kannte." Die Schubladen der Vergangenheit gingen eine nach der andern auf, stachen auf mich ein wie Messerspitzen oder nahmen in meiner Gegenwart Platz; Platz wofür – um mich mit neuen Ängsten zu füttern und zu nähren.

Ich war ein Zwangs- und Angstpatient geworden und kam mit mir nicht mehr klar.

Das Gefühl des Alleinseins ist das schmerzhafteste Gefühl, das wir erleben können. Es verursacht so tiefe Qual, dass wir alle danach streben, uns vor diesem Gefühl zu schützen. Wenn unsere Eltern uns als Kind ablehnen, tadeln, verlassen, misshandeln oder gar missbrauchen, dann ist der Schmerz darüber so unerträglich, dass der innere Erwachsene den Kontakt zum inneren Kind abschneidet, um diese Gefühle nicht zu spüren.

Dann fühlt sich das innere Kind nicht nur einsam und allein auf der Welt, sondern es fühlt sich auch in sich selbst allein und leer, es gibt niemanden, keinen Anteil seiner Persönlichkeit, der es vor den Verletzungen der anderen beschützt.

In der Kindheit und Jugend lernt das verlassene innere Kind die innere Erfahrung des Verlassenwerdens auf andere zu projizieren. Wenn das innere Kind sich vom inneren Erwachsenen kontrolliert, kritisiert oder vernachlässigt fühlt, projiziert es diese Gefühle auf andere und erlebt die anderen als kontrollierend, kritisierend oder treulos, gleichgültig, ob das nun wirklich der Fall ist oder nicht.

Das verlassene innere Kind hat ständig Angst davor, unrecht zu haben, weil es glaubt, dass die Reaktion darauf Ablehnung sei. Deshalb kämpft es darum, immer „das Richtige" zu tun. Es wird süchtig nach Vorschriften und Regeln, um sich vor Ablehnung weitgehend zu schützen. Es strebt danach, perfekt zu sein, und glaubt, dass das unmöglich sei. Perfektionismus und die Angst vor dem Irrtum sind Symptome der inneren Trennung zwischen Erwachsenem und Kind.

Da das innere Kind sich so schmerzhaft leer, einsam und allein fühlt, wenn der innere Erwachsene ihm nicht hilft, mit der Einsamkeit des äusseren Verlassenwerdens umzugehen, entwickelt es

Suchtverhalten, um diese Leere wieder zu füllen. Dieses verletzte, verlassene innere Kind überlebt die Demütigungen und Schmerzen, die ihm von seinen ersten Bezugspersonen zugefügt wurden, indem es von verschiedenen Dingen und Verhaltensweisen abhängig wird. Anne Wilson Schaef schreibt in ihrem Buch „Im Zeitalter der Sucht", dass 96 % unserer Zivilisation von bestimmten Substanzen und Prozessen abhängig sind. Die Abhängigkeit von Alkohol, Drogen, Essen, Zucker, Koffein und Nikotin ist an eine Substanz gebunden. Die Prozessabhängigkeiten fallen in zwei verschiedene Kategorien: die Abhängigkeit von Personen (Co-Abhängigkeit) und die Abhängigkeit von Dingen und Aktivitäten. Das innere Kind kann abhängig werden von Fernsehen, Arbeit, Sport, Schlaf, Macht, Geld, Geldausgeben, Glücksspiel, Ladendiebstahl, Studium, Klatsch, Telefonanrufen, Meditation, Religion, aufregenden Ereignissen, Gefahr, sozialem Ansehen, Sorgen, Grübelei und sogar von Unglück und Depression als Mittel, die innere Leere zu füllen. Das innere Kind versucht mithilfe der Sucht sich eine Fluchtmöglichkeit aus dem Schmerz des äusseren und inneren Alleinseins und der Einsamkeit im Zusammensein mit anderen zu verschaffen.

Zwei andere Mittel des inneren Kindes, Kontrolle auszuüben, sind Anpassungsbereitschaft und Fürsorglichkeit.

Das Kind wird zum „braven" Jungen oder Mädchen, indem es die eigenen Bedürfnisse anderer beiseiteschiebt.
Dieses Kind handelt wie ein Erwachsener, indem es die Aufgabe übernimmt, für jedermann alles in die Hand zu nehmen und in Ordnung zu bringen, oder indem es sich übermässig lieb und verführerisch verhält. Wenn wir uns grundsätzlich anpassungsbereit, fürsorglich und aufbauend verhalten oder wenn wir uns vor Nettigkeit geradezu überschlagen, handeln wir aus einer falschen Überzeugung heraus.
Wir sagen: „Ich zähle nicht. Was ich wünsche und fühle, ist nicht wichtig. Die Wünsche und Gefühle der anderen sind wichtiger als meine eigenen. Ich kann die Menschen dazu bringen, mich zu lieben und mich anzuerkennen, indem ich lieb oder verführerisch bin."(Erika J. Chopich, Margaret Paul)

Oh, wie erkenne ich mich darin.

In der Schule immer die Beste sein.
Für meinen Bruder einzustehen, bei seiner Scheidung, bei der Betreuung seiner Kinder …
In meinem Beruf als Heilpädagogin immer bereit zu sein, immer nur zu geben …
Meinen Kolleg(inn)en jeden Gefallen auszuführen.
Ohne mich zu widersetzen, Sachen zu machen, die nicht zu meinem Pensum oder Pflichtenheft gehörten.
Meine Eltern und Schwiegereltern bis zu ihrem Tod zu pflegen und ihnen Trost zu spenden.
Andern äusserlich zu gefallen mit Verschleiss an neuen Kleidern und Frisuren.

Immer und nie Nein zu sagen.
Mich für alles stets zu entschuldigen.
Den ganzen Tag zu putzen.
Alles, um den anderen zu gefallen.

Der Lebensbaum

Bezogen auf den Baum und den Menschen, seinen Lebensbaum, erscheint besonders wichtig, dass man um seine Wurzeln weiss (Herkunft kennt) – selber Wurzeln hat (eigenen Standort) – eigene Wurzeln schlagen kann (selbstständig sein) – fest verwurzelt ist (bodenständig) – über ein Wurzelnetzwerk verfügt (Gemeinschaft macht stark) – zu den Wurzeln zurückfinden kann (Ursprung) und Probleme an der Wurzel packen kann (Lösungsorientierung), wie es in www.natur-raum.ch praktiziert wird.

Der Baum des Lebens ist eines der bekanntesten Symbole der keltischen Mythologie. In der Vorstellung der frühen Kelten war der Kosmos ein riesiger Baum: Seine Wurzeln drangen tief in die Erde und seine Zweige reichten hoch hinauf in den Himmel. Er ist ein Symbol für die Balance zwischen diesen Welten; die Vereinigung von oben und unten; ein Symbol für Gleichgewicht und Harmonie. Der Baum des Lebens ist ein zeitloses Symbol der Erneuerung, der Wiedergeburt, der unzerstörbaren Kraft des Lebens und kann in www.natur-raum.ch wiederentdeckt werden.

Seit jeher leben die Menschen in einer engen Beziehung mit dem Wald und den Bäumen. Bäume sind die höchsten, grössten und ältesten Lebewesen der Welt. Der Lebensbaum stellt den Inbegriff all dessen dar, was Leben bedeutet. Er kommt in allen Kulturen vor, grünt und blüht ewig, und seine Früchte repräsentieren Gesundheit, Jugend sowie Unsterblichkeit.

Die reichhaltige Symbolik der Bäume macht es den Menschen leicht, komplexe Lebenszusammenhänge und individuelle Befindlichkeiten anhand von Baumbegriffen anschaulich zu machen. Interessant sind in diesem Zusammenhang die sprachlichen Parallelen und Analogien der Wurzel, in der sich Mensch und Baum spiegeln können. Symbolisch gesehen gibt die Wurzel Halt und Verankerung, ist aber zugleich Bindeglied zwischen der nährenden Erde und ausgleichendes Gegenstück zur luftigen Krone.

Bäume prägen aber auch Brauchtümer und Rituale unseres Lebens: Zu Weihnachten stellen wir Tannenbäume in die Stuben. Bei der Geburt eines Kindes ist es in verschiedenen Regionen üblich, Nadelbäume als Zeichen der Niederkunft aufzustellen oder einen Obstbaum für ein Kind zu pflanzen, einen sogenannten Lebensbaum. Im Mai tanzt man mancherorts um einen Maibaum, die Ahnenforscher verwenden Stamm-Bäume, und sogenannte Aufrichtbäume zieren die Dachstühle neu gebauter Häuser. In Deutschschweizer Stuben und Restaurants jassen Spielbegeisterte mit Karten, auf denen unter anderem Eicheln abgebildet sind.

Wenn ich Angst bekomme, gehe ich aus dem Haus hinaus, in die Natur, das schönste Bilderbuch, das es gibt.

Man kann schauen, festhalten, hören, spüren, berühren, verinnerlichen, vergleichen, ja sogar Kraft sammeln, Kraft sammeln von Spuren, die der Schöpfung nach vor uns da waren und lebten.

Während der drei letzten Jahre waren ich und mein Mann in Irland auf einer Entdeckungstour, auf den Spuren der Kelten.

Ich bin selbst fasziniert von dieser Kultur mit ihren Glaubensritualen, die ihren Ursprung in der Natur, mit ihren Formen und Zeichen bekennen. Nein, keine Schrift, aber eine Poesie in der Gestaltung und das wichtigste Bindeglied: der **Baum** mit seinen Eigenschaften, seiner Vergangenheit, seiner Bedeutung in der Gegenwart und seiner Zukunft und seiner Wahrsagung.

Einen Baum umarmen ist gleich seinen Körper mit Kraft zu tanken, die in ihrer Symbolik weit mehr Weisheit verinnerlicht als der Mensch selbst.

Schon in Irland wusste ich, dass ich den Baum der Vergeltung, meinen Baum, suchen musste, um ihn zu umarmen und eine neue Findung in ihm zu finden, damit ich neue Wege der Kraft und deren innere Bedeutung tanken konnte,

Ich wollte wieder diese Bodenständigkeit … fühlen und, so gut es ging, meinen Platz haben in dieser verrückten Welt.

Die Erholungsphase

Ich liess es mit mir geschehen und trat voller Angst, aber auch Zuversicht in die Privatklinik Wyss ein.

Dank eines für mich errichteten Programms und einer ausgesprochen entgegenkommenden Betreuung fand ich mein Lachen nach drei Jahren wieder.

Noch nie hat man mir an einem
Ort so Mut geschenkt,
mir zugehört,
mich verstanden,
mir geholfen,
mich beobachtet,
mich zielgemäss therapiert,
mich wählen lassen,
mich umsorgen lassen,
mich Freunde finden lassen,
mir Kraft zum Leben entdecken
und erleben lassen,
meine verloren gegangene
Kreativität wieder hervorge-
lockt, und dies in einer Zeit der
Freude: „Weihnachten".

Ich bekam konkrete umsetzbare Hilfen gegen Angst und Zwänge, wurde von anderen Menschen gebraucht, aber nicht missbraucht.
Ich entdeckte wieder eine gewisse Würde in mir, die in mir so lange einfach weggewischt war, da Leute, nach Machtgier ringend, nur eines fanden, mir die grösste Befriedigung in meinem Berufsleben zu zerstören und mich zu vergessen.

Ich kann wie der Baum nicht vergessen, aber einen anderen Umgang dank seines Mythos finden.

Üben und stets anwenden des Gelernten ist nun mein Weg, um in dieser Welt zu bestehen und sie zu verstehen und mich zu schützen.

Meine inneren guten Werte haben sich verstärkt.
Meine oberflächlichen, konsumausgerichteten Werte haben sich auf ein Minimum meines seelischen und sozialen Lebens gesenkt, um einfacheren, aber sicheren Werten Platz zu schenken.

Die Natur ist zu meinem Freund geworden.

Bei ihr fühle ich innere Stille, Weite und Schönheit. Ich geniesse den Moment.

Die Stadt als Konsumsort besuche ich nur noch auf das Nötigste hin.
Ich meide Krach und Lärm und Enge.

Die Stadt als Sozialgefüge geniesse ich noch gerne, aber mit Mass.

In diesem Moment bin ich noch sehr verankert mit dieser Klinik, einmal in der Woche besuche ich die Strukturtagesklink als Moment der Wieder- und Weitergenesung. Danke.

Mein Lebensbaum

Beim Malen drücke ich mein ganzes Befinden aus.
Jedes Mal, wenn ich meinen Lebensbaum zeichnete, war ich nicht zufrieden.
Er gelang mir nicht, ich war unzufrieden. Vor allem, er hatte keine Wurzeln oder nur kleine. Ich spürte dieses Unbehagen bis zu meinen Zehenspitzen.

Meine Maltherapeutin, eine Person, die mir in der Klinik viel geholfen hat, gab mir eine Idee; male deinen Baum, indem du zuerst das Blatt mit Fischkleister beschmierst, und dann … male mit deinen Händen, streichle diesen Baum, wie du deinen Körper streicheln würdest.
Betanze diesen Baum, mit deinem Schwung und ohne Pinsel. Was da geschah, war eine Befreiung, eine Lösung zu meinem Dasein. Ich konnte meinem Leben nicht durch die Vergangenheit, nein, nämlich durch die Gegenwart, neue Wurzeln schenken.
Meine Kraft liegt nun nicht mehr in den winzigen Wurzeln, sondern im Stamm, den Zweigen und den *FRÜCHTEN*.

In meinem Inneren öffneten sich die kleinen Schubladen, die nur mir, in meiner Verantwortung lagen, kreative Puzzleteile.
Und schon bald fing ich zu Hause an, mir Literatur über „Shabby-Chic"-Sachen anzuschauen, und wie ein Geistesblitz kam die Idee, kleine Stoffblumen zu kreieren. Alle in ihrer Eigenart, alle meine Babys. Wenn ich kreiere, widme ich meine ganze Liebe der Entstehung. Und zuletzt bleibt die Bewunderung; oh, die ist aber schön geworden. **Ich** bewerte meine Blumen, **ich** schenke meine Blumen, **ich** verkaufe ab und zu meine Blumen.
Und ich bin wieder ruhiger geworden. **Ich** kreiere diese Blumen in meinem Rhythmus, langsam, ohne Druck und fremde Wertung.

Ich gehe meinen Weg, Tag für Tag, die ÄNGSTE WERDEN KLEINER. Das Umfeld öffnet sich, langsam, behutsam und befriedigend.

Mein **Ich** trägt langsam wieder **Früchte**.

Die Körperwahrnehmung

Als ich in der Klinik ankam, hatte ich solch übermässige **Angst**, vor allem vor Lärm, Bakterien, Spritzen, Dreck und Vergesslichkeit.
Ich schrieb alles Aussergewöhnliche in ein Heft, ein Kontrollheft mit Unterschriften.

Manchmal hatte ich durch diese Kontrolle so starke Ängste, dass meine Konzentration mit mir spielte. Ich wusste plötzlich nicht mehr, ob ich alles Kontrollbare richtig ins Heft geschrieben hatte oder ob ich etwas vergessen hatte aufzuschreiben, das **lebenswichtig** war.

Ich wusste nie, ob ich meine Schuhe anhatte, musste bei Mitpatienten nachfragen, peinlich.

Im Essraum hatte ich Angst, dass man mein Besteck oder mein Glas berührte. Ich schirmte mich von der Aussenwelt ab.

Vorher sehr auf mein Äusseres bedacht, schminkte ich mich nicht mehr, auch meine Haare föhnte ich, ohne ihnen eine Form zu verleihen, und ich zog meistens lockere Anzüge an, um wohl aber nicht kokett zu wirken.
Ich fühlte mich plötzlich nicht mehr begehrenswert.
Ich hatte auch keine gute Körperkondition mehr. Ich nahm nur noch Angstquellen wahr.
Die Angst, über die kommende Angst, war Nahrung und Beschäftigung meines Ichs geworden.

KÖRPER	WAHR	NEHMUNG
Bau	Wahrheit	Bewusst leben
Formen	Gegenwart	Bewegung erleben
Gliedmasse	Das Jetzt	Das automatische Akzeptieren
Bedürfnisse	Das Automatisierte	Fürsorge halten
Organe	Das Unbewusste	Ruhe gönnen
Struktur		Mitteilen
Reflexe		Berührung
Chakras	Achtsamkeit	
Alter	Emotionen	
Nerven	Spannung – Entspannung	
Neuronen	Ausdrucksmittel	
	Unbewusst spüren	

Die Achtsamkeit

Mit diesem Begriff geht es schlicht und einfach darum, ganz bei sich und der Sache zu sein.

Sie ist eine persönliche Kraftquelle und verändert die Qualität unseres Ichs, das heisst unserer Beziehung zu allem und allen, die Mitmenschen, die Dinge und unsere Umwelt.

Ein verinnerlichtes Wissen um den eigenen Körper und seine Funktionen ist eine Voraussetzung, um ihn situationsgemessen einsetzen zu können.

Bei allen Menschen ist der Körper

1. ein Ausdrucksmittel seiner selbst
2. eine Orientierungshilfe im Raum
3. ein Instrument mitmenschlicher Beziehungen und Bezugspunkt zum Nächsten
(Gantenbein, 1979, Bo, Christoph Simma)

Man muss sich Zeit lassen, achtsam mit seinem Körper umzugehen, und immer wieder in sich lauschen, spüren.
Mit der Achtsamkeit in unserem Leben lebt man präsenter,
strukturierter, vereint mit seinen Gefühlen.
Im schnellen und unreflektierten Leben verliert man den Schutz, die Konzentration und das bewusste Erfahren des Momentes.

Man stiehlt seinem Körper
die Klarheit,
das Innehalten,
das Abwägen,
die Toleranz,
die Einschätzung,
und den Frieden.

Ich war dermassen mit mehreren Sachen zur selben Zeit beschäftigt, dass alles zu einer Bulimie wurde. Ich sammelte und gab ohne Grenzen. Ich fühlte mich immer mehr ausgelaugt und zuletzt in mir selbst verlassen. Alles war auf andere abgestimmt, nur nicht auf mich. Diese Art zu leben gefiel meiner Umwelt, aber leider nicht mir.
Es war für die andern bestimmt, ich ging dabei unter, ohne es zu merken.
Ich wollte von den andern geliebt und geschätzt sein und vergass dabei vollends meine Selbstfürsorge.
Ich hatte die Achtung vor mir vergessen, deshalb entschied der Körper, ohne mich zu fragen, abzuschalten. Ich hatte die Kontrolle über mein Dasein und deren Funktion verloren und musste mein Leben wiederfinden.

Ich musste lernen, mich selbstbewusst wahrzunehmen, durch gezieltes, aber nicht wertendes Körperleben und die Sinneswahrnehmung.

Ich musste mich bewusst erfahren durch Stilleübungen und vorerst meditatives Naturerleben.

Ich musste mich selbst zum Ausdruck bringen durch bildnerisches Gestalten und Bewegung.

Ich musste über mich und meine inneren Werte und Talente nachdenken.

Ich musste meinen Lebensrhythmus neu definieren.

Ich musste vor allem alte Geschichten, die mich zu diesem kraftlosen, vereinsamten Wesen bestimmt hatten, neu überdenken oder als gelesenes Buch abschliessen und wegzaubern.

Ich musste meinen Ballast wegräumen oder besser gesagt wegschmeissen, um nicht wieder in das alte Verhalten zurückzufallen.

Ich musste auch die Wörter – **noch schnell** – aus meinem Vokabular verschwinden lassen.

Ich musste auch lernen, eines nach dem andern zu erledigen, um nicht in eine Angstpanik zu geraten, was nicht leicht ist, da man irgend in einer Gemeinschaft bestehen muss, die das akzeptiert.

Spannung und Entspannung

Das Strukturbild vom eigenen Körper kann sich erst aufgrund vielfältiger Sinnes-
erfahrungen ausbilden.
Wichtig ist dabei, dass jedermann durch eigenes Bewegen einen normalen Aus-
gleich der Muskelspannung und -entspannung seines Körpers und der Körperteile
erlebt und durch verschiedene Entspannungsarten zunehmend eine innere Ruhe
und einen inneren Frieden findet. Zudem soll man nicht vergessen, seinen Körper
durch Hautberührungen zu fühlen.

Ich habe gelernt, dass regelmässiges tägliches Entspannen, nicht nur im nächtlichen Schlaf, wichtig ist; umso mehr, je häufiger man sich anspannt, um ein Ziel zu erreichen, um Aufgaben zu lösen, die einem gesetzt werden.

Gründliches Entspannen ist für mich also Voraussetzung für eine neue, sinnvolle Anspannung.

Diese eigentlich allgemein bekannte Tatsache wird im Alltag nicht immer genügend beachtet.

Das hat zur Folge, dass wir häufig über unsere Kraft leben und uns schliesslich so ausgeben, dass wir und unsere Leistungen darunter leiden.

Folgende Aspekte können aus jetziger Erfahrung unter variabler Gewichtung an Bedeutung gewinnen:

- den eigenen Körper vertieft erspüren
- den eigenen Körper akzeptieren lernen, durch Gefühle, Empfindungen und Kenntnisse
- Spannung, Anspannung und Lösung spüren und unterscheiden können
- erfahren und erkennen, dass man sich bei geschlossenen Augen besser konzentrieren und leichter entspannen kann
- sich zunehmend an eine individuelle Körperlage als ideale Entspannungslage gewöhnen
- Körperberührungen zulassen und positive Einstellungen zum Körper anderer entwickeln

Verschiedene Techniken der Entspannung von Angstattacken und Kontrollzwängen

Die Unruhe und das Chaos legen sich durch Angst und Kontrolle nur kurzfristig, Die Unruhe und das Chaos kommen wieder, weil sie mit Kontrollzwängen eben nicht gelöscht werden, langfristig.

Das heisst, ich muss da tiefer reingehen, in diese Angst, in diese Unruhe, in dieses Chaos oder diese Leere im Kopf.

Ich muss die Angst erkennen, was will sie mir sagen? (Therapie gezielt einzeln und/ oder in der Gruppe)

Worum geht es bei der Angst und den Zwängen?

Es geht nicht um Bakterien, Sauberkeit, Reinheit.

Nur so zeigt mir die Seele, dass etwas nicht stimmt.
Dass da tief in mir etwas ist, was angehört werden will, verstanden werden will, umarmt werden will und endlich Ruhe und Geborgenheit finden will.

Es geht also darum, hinter die Zwangsangst zu schauen, was da los ist und was dieses Benehmen mir sagen will.

Sind es frühere erlebte Situationen oder Lebensmuster oder Erwartungen, vor denen ich mich fürchte und sie mit Zwängen unterdrücken will?

Ich habe gelernt:

Man soll zu seiner Angst stehen und sie benennen.
Ich stelle fest:
Ich habe grosse Angst, allein dazustehen.
Ich habe Angst, zu versagen.
Ich habe Angst, beruflich mir nicht gerecht zu werden.
Ich habe Angst vor der Zukunft, vor all den Menschen.
Ich habe Angst, nicht geliebt zu werden.
Ich habe Angst, ausgelacht und verspottet zu werden.
Ich habe Angst vor gewissen Männern (Alkoholiker, Drogensüchtige).
Ich habe Angst vor Schmutz und Dreck und spitzigen Sachen.
Ich habe Angst vor fremdem Blut …

Man kann sich der Angst stellen, indem man Gefühle ausdehnt.
Z.B. Wasserwellen *im Meer.*

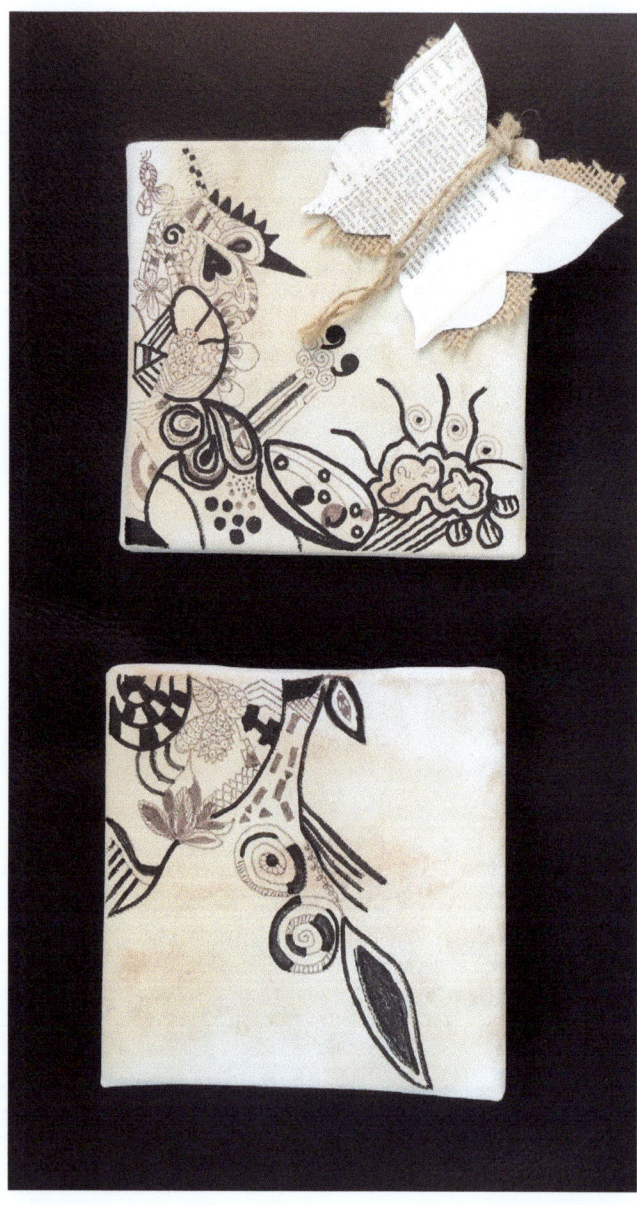

Man kann sich der Angst stellen, indem man die Gedanken *entschärft;*
z. B. *den Gedanken besingen.*

Man kann sich der Angst stellen, wenn man eine furcht-erregende Komikfigur,
bei mir war es „Nelsen", wie in einem *Rollenspiel* anbrüllt.

Man kann sich der Angst stellen, wenn man im Angstpaket *Klarheit* schafft,
die Gedanken auf Zettelchen schreibt,
sortiert und sie nach Sinn und Wert
klassifiziert.
Man nennt diese Methode *de-fusion.*

Man kann im Zweifelsfalle auch den Gedanken durch andere Gedanken
wegstossen,
rückwärtszählen von 100 weg.

Wenn einem unnütze Grübeleien den Schlaf stehlen, aufstehen und
ein *eigenes Mandala* zeichnen.

Medikamente

Man darf nicht vergessen, dass es heute Medikamente gibt, die einem bei diesem harten und langsamen Weg helfen können.
Es ist dabei gut, einen begleitenden Arzt zu finden, der darin Kompetenzen hat und einem zuhört, wenn etwas nicht stimmt. Denn viele dieser Medikamente haben tückische Nebenwirkungen und wirken bei jedem Patienten unterschiedlich. Sie sollen einem in Krisensituationen helfen.
Den Ursprung der Krankheit werden sie jedoch nicht besiegen.

Das können nur wir selbst, wenn wir an uns arbeiten (ÜBEN), mit uns arbeiten (TOLERANZ) und durch uns arbeiten (WILLE).

7. INNERE KRAFT SCHÖPFEN MIT KLEINEN ZIELEN

Ich habe gemerkt, dass Höhen und Tiefen sich abwechseln, dass alte Zwänge zu neuen werden oder dass es nicht viel braucht, um eine Panikattacke zu bekommen.

Irgendwie habe ich im Leben immer wieder schwere Prüfungen gehabt, ich habe auch mit Gott geschimpft, aber ich habe immer wieder den Mut gefunden, mich der Angst zu stellen.

Und wie ihr seht, habe ich beschlossen, meine Geschichte endlich aufzuschreiben, ohne Scham, denn ich bin ein sensibler Mensch, der nichts dafürkann … und nichts Schlechtes getan hat.

Diese Vision meines Lebens verdanke ich der Klinik Wyss, wo ich mich endlich verstanden fühlte und eine vorübergehende Zuflucht und Regenerierung fand.

Heute wähle ich meine Freunde selbst aus und geniesse ihre Anwesenheit. Menschen, wie meinen Bruder, der mich in meiner schlimmsten Phase fallen gelassen hat und der mich nur geliebt hat, um mich zu benutzen, brauche ich nicht mehr.

Kleine Botschaften, die ich täglich wahrnehme, geben mir Kraft, positiv zu denken.
Zeit heilt Wunden.
Und der Frühling mit seinen Botschaften kommt immer wieder.

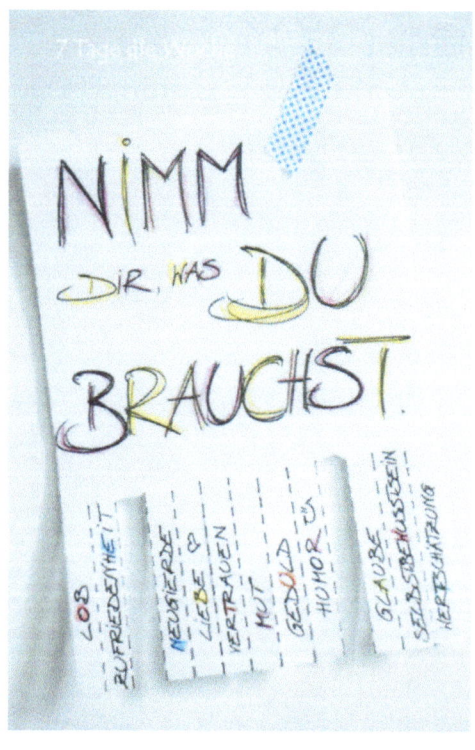 

Während meiner Depression habe ich immer wieder Lichtblicke gesehen, die mein Innerstes getroffen haben.

- Africanum: mit Flüchtlingen Essen zubereiten und Gespräche führen
- Mit Marginalen kurz plaudern – ihnen jeweils 20,– zu Weihnachten schenken
- Sammelstelle für alleinerziehende Frauen: Kleider für Schweizer und Ausländer sammeln, sortieren, geben, verschicken (Konstantin sagte: „Du bist unser neuer Sonnenschein!")
- Kleine Mimi-Flowers basteln und mit Erfolg auf Märkten oder anhand von Geschäften verkaufen

8. RITUALE

Rituale geben Halt.
Sie sind der rote Faden eines Kindes, an dem es sich von Geburt an entlanghangeln kann.

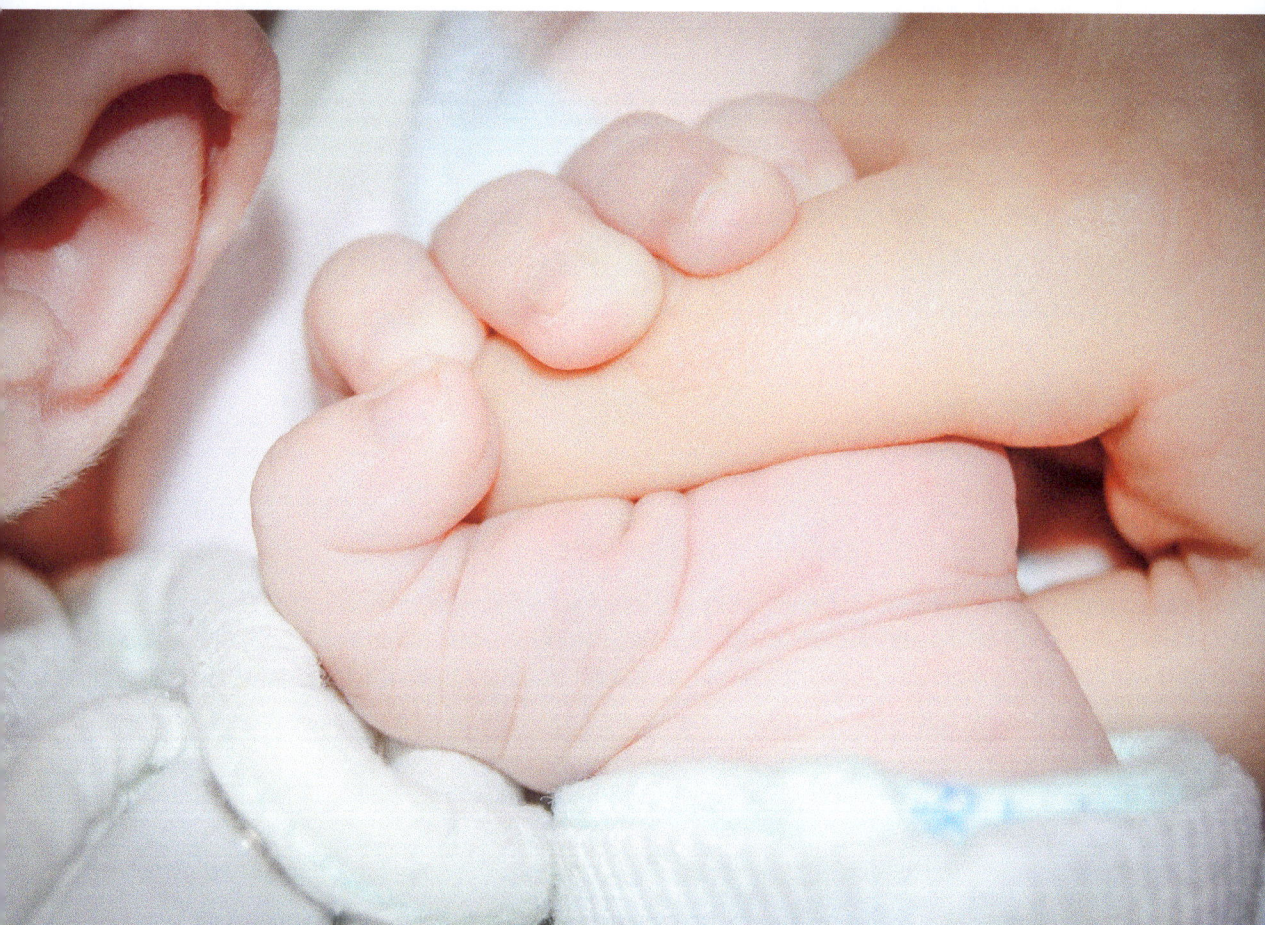

Ein Kind an der Hand nehmen

„Ein Kind an der Hand nehmen,
um es seinem „Morgen" entgegenzuführen,
um ihm Vertrauen in seine Schritte zu geben.
Ein Kind als König nehmen.
Ein Kind in seine Arme nehmen
und zum allerersten Mal
seine Tränen trocknen, sie mit Freude ersticken.
Ein Kind in seine Arme nehmen.

Ein Kind mit dem Herzen annehmen,
um seine Unglücke zu lindern,
ganz sanft, ohne zu sprechen, ohne zu bedrängen,
ein Kind an sein Herz drücken.
Ein Kind in seine Arme nehmen,
aber auch zum allerersten Mal
Tränen vergiessen beim Ersticken seiner Freude,
ein Kind ganz fest an sich drücken.

Ein Kind an der Hand nehmen
und ihm Wiegenlieder singen,
damit es beim Dunkelwerden einschlafen kann.
Ein Kind in Liebe annehmen,
ein Kind so annehmen, wie es kommt,
und es in seinem Kummer trösten.
Sein Leben über Jahre mit leben, dann plötzlich
ein Kind an der Hand nehmen

und den Blick ganz aufs Ende des Weges gerichtet
das Kind annehmen, als das, was es ist: es selbst."
Yves Duteil: übersetzt.

Wenn ein Kind geboren wird, tut sich eine Welt mit einer Flut von Reizen und Informationen auf.
Um sie richtig zu kanalisieren, ohne überfordert zu werden,
brauchen Kinder nebst Achtsamkeit Rückzugsmöglichkeiten, Halt und Geborgenheit.

Es sind als Erstes die Eltern, die ihm diese Chance verleiten und damit Freude und Orientierung bieten.

An diesem Faden haben viele Wörter ihren Platz.
Ich erlaube mir, diese Wörter auseinanderzunehmen, um zu reflektieren, was sie in ihrer Zusammenstellung bieten und aussagen.
Es ist ein philosophisches Nachdenken um Wörter, die man spricht aber eigentlich nicht richtig wahrnimmt.

Freue dich auf dieses Ritualspiel des Aha-Erlebnisses.
Gib diesen Wörtern eine Struktur, eine neue Anschauung:

IM – PULS
BE – DÜRFNISSE
REGEL – MÄSSIGKEITEN
RAHMEN – BEDINGUNGEN
VER – INNERLICHEN
ÜBER – TRAGEN
GE – WISSHEIT
WAHR – NEHMUNG
ZU – VERLÄSSIGKEIT
WIEDER – HOLUNG
VOR – FREUDE
ÜBUNGS – MÖGLICHKEIT
GE – BORGENHEIT
WIEDER – KEHREN
GE – WOHNHEITEN
SICHER – HEIT
VER – TRAUEN
GE – MÜT – LICHKEIT
RÜCK – ZUG
KO – KON
KON – SEQUENZ
BE – HÜTET
BRÄUCHE
RE – GENERIERUNG
GRUND – BEDÜRFNISSE
RESPEKT
LERN – MÖGLICHKEITEN
ATHMOSPHÄRE
TOLERANZ
REGELN
FERTIGKEITEN
WILLE UND LOB

RITUAL
STEINE

Tintagel: „Open the Door"
Roger Hodgson

Mit den **Steinen**
befreundet sein

DAS WESEN DER STEINE

Steine sind die ältesten Wesen dieses Planeten. Könnten wir
sie befragen, würden wir alles über die Erde erfahren. Steine
spielten und spielen eine überragende Rolle in der Geschichte
der Menschen, als Unterkunft, als Schutz, als Schmuck, als
Amulett und Talisman, als Begleitung und magische
Verstärkung. Steine sind unsere Ahnen, unsere
Begleiter, ihre Inhaltsstoffe, die Mineralien, brauchen wir
zum Überleben. Ohne Steine ist die menschliche Geschichte
und Kultur gar nicht denkbar.

Die Freundschaft zwischen Steinen und Menschen geht auf den Anfang menschlicher Kultur zurück. Nichts und niemand begleitet uns so treu. Ohne Steine und Mineralien würden wir gar nicht existieren, gäbe es die Erde nicht. Doch es ist nicht diese Dankbarkeit der Erde und ihren „Körperteilen", den Steinen, gegenüber, die unsere Liebe entfacht hat. Es ist die Schönheit der Steine, ihre grosse Kraft, die nicht nur erfreut, sondern auch heilen kann, ihre selbstverständliche Anwesenheit in unserem Leben, in den Landschaften der Erde, in unseren Wohnstätten.

Seit Beginn menschlichen Lebens waren Steine die Mitbewohner, die Helferwesen, die Begleiter und die Freunde der Menschen. Sie verbünden sich mit dem Wasser und mit Bäumen, sie fallen in unseren Alltag und begleiten unsere Zauberrituale.

Luisa Francia

Warum wir sie so lieben
„Lord Is It Mine", Roger Hodgson

Sicherheit: Sie überleben im Sein und jetzt. Sie beschützen uns in Gebäuden, sie grenzen Länder und Felder ab.

Beständigkeit: Sie waren vor uns da und gaben der Erde ihre Gestalt. Sie halten viel aus und kennen keinen Schmerz.

Vielfalt: Es gibt sie in verschiedenen Grössen, in verschiedenen Strukturen, in aller Art, Form, Grösse und Beschaffenheit.

Überleben: Sie werden mich überleben und die Erinnerung, was ich von ihnen hielt, was ich mit oder aus ihnen machte, warum ich sie so liebte, still-schweigend-weiter-tragend.

Aussagekraft: Sie sagen etwas über ihre Vorkommnisse aus, ihre Wanderungen und Veränderungen in diesen Milliarden Jahren. Sie erzählen viel, durch ihren Fundort, ihre Form und Gestalt. Sie können klitzeklein sein, ein Stückchen von einem grossen Puzzle oder riesig herausragen. Sie sagen im Moment etwas aus. Sie haben unendliche Macht und Stärke.

Ich habe Ehrfurcht vor ihrer Masse und begrüsse sie stets.
Sie können zerstören oder auch ein Element des Wiederaufbaues sein. Sie sind wie die Sterne unendlich, in Zeit und Element.

Ihre Rolle

Sie dienen:

Als Werkzeug und Watte der Urahnen (Silex)

In Märchen, wie Hänsel und Gretel, Schneewittchen ...

Als Schmuck: Edelsteine, Amulette

Als Unterkunft, an Felswölbungen, in Höhlen, Häuser

Als Erinnerung an Exkursionen,
an meine Vorväter als Kathedralenbauer und Steinhauer,
an grosse Bauten wie Pyramiden, Pilgerorte wie Stonehenge, Gemeinschaftsräume wie Kathedralen, Burgen, Festungen.

Als Vorfreude, immer etwas mit ihnen gestalten zu dürfen: Formen suchen, zum Beispiel wie ein Herz, Mandalas bauen, um inneren Frieden zu gewinnen und auszustrahlen, Wege bauen, um weiterzureisen, Erdart in der Landschaft kreieren, in Kunst und Kult.

Als Begrüssungsstein mit Namen, an einer Hochzeitstafel

Als Meditation, an einem Lieblingswort (Hauterive) ihre Formen und Zeichnungen betrachten

Als ein Berührungselement, das dem Körper in einer Massage Entspannung bringt (hot stones)

Als Lieblingsort:

Hauterive, ein Begegnungsort, Kloster, ein Ort in der Stille, eingefasst durch einen Fluss und eine Felsenwand,

ein Einladungsort zum Picknicken, Baden und Spielen mit flachen Steinen, oder: Besinnung durch die Bauten von Steinmosaiken, die sich mit den Klängen gregorianischer Gesänge vermischen und in all dieser Pracht die Flusssteine durch einen weichen Hauch streicheln,

mein Rückzugsort, mein Ort der Versöhnung mit mir selbst und der Welt, mein Spielort als Lehrerin und Mutter, mein Gemälde von natürlichen Farben und Strukturen.

Steinmandala zum Ausmalen

Von klein auf war der Stein mein Freund, mein Helfer, mein Stolz, mein Spielgefährte.

Ich sehe mich, wie ich auf einem mit Kreiden bemalten Teerboden Himmel und Hölle spielte. Dabei musste ich einen Stein an den richtigen Ort werfen …

Ich sehe mich, wie ich voller Stolz mit Ziegelresten, Zeichnungen auf den Boden kritzelte.

Ich sehe mich, wie ich als Jugendliche, aus den Alpenwanderungen mit der Jubla, Kristallsteine oder schöne Steine nach Hause „transportierte", als Andenken eines magischen Ortes.

Ich sehe mich, wie ich schöne Steine mit Speck polierte und sie als Geschenk verteilte.

Ich sehe mich, wie ich als Archäologenhilfe Steine ausgrub, die ein Ururvorahne einmal in der Hand gehabt hatte, wie eine Art seelische Übergabe eines Wertes und Geschenks.

Ich sehe meinen Mann, wie er mit meinem Sohn am Ufer eines Flusses Steine flach in den Fluss warf, sodass sie hüpften.

Ich sehe mich mit meinem kleinen Sohn, wie seine Augen funkelten, als ich ein Märchen erzählte, in dem Steine eine Rolle spielten.

Ich sehe, wie mein Mann bei Bergwanderungen als Laufmotivation einen magischen Stein weiter entfernt warf und mein Sohn ihn holen durfte. So war das Laufen angenehmer.

Ich sehe, wie ich meinen Schülern am Flussufer in Hauterive als Impuls vorschlug, Steine mit einer Herzform zu finden. Alle sahen mich erstaunt an und dachten, Steine sind rund, oval, aber doch nicht herzförmig. Welch ein Staunen, als wir sie eine Stunde später betrachteten und fotografierten.

Ich sehe mich, wie ich in Wäldern moosbepackte Steine anschaue, sie berühre und manchmal streichle. Die Harmonie der Natur beschwingt hier mein Herz. Ich schliesse die Augen und nehme das Zeitlose wahr.

„Give a Little Bit", Roger Hodgson

Ich sehe kolossale Steine, die aufgetürmt in die Weite ragen und Geschichten oder Legenden erzählen, von denen wir vor ihrer prunkvollen Grösse staunen, weil man einfach nicht genau weiss, wie sie transportiert wurden, wahrliche Wunderwerke.

Ich komme von den Ferien oder einem Spaziergang nach Hause und schmücke meinen Garten mit aufgetürmten Steinen als Symbol von etwas Beständigem, Kreativem, Schönem.

All diese Erinnerungen wärmen mein Herz, werden nach Verlangen wiederholt, sodass die Steine zu einem Familienritual werden.

Sie bekommen eine solch grosse Bedeutung, dass mein nun erwachsener Junge Steine finden will, die er als Spur von seiner kommenden Hochzeit als Tischplatzierer verwenden wird – welch Vorfreude.

Das Märchen Hänsel und Gretel

Vor einem grossen Walde wohnte ein armer Holzhacker mit seiner Frau und seinen zwei Kindern; das Bübchen hiess Hänsel und das Mädchen Gretel. Er hatte wenig zu beissen und zu brechen, und einmal, als grosse Teuerung ins Land kam, konnte er das tägliche Brot nicht mehr schaffen. Wie er sich nun abends im Bette Gedanken machte und sich vor Sorgen herumwälzte, seufzte er und sprach zu seiner Frau: „Was soll aus uns werden? Wie können wir unsere armen Kinder ernähren, da wir für uns selbst nichts mehr haben?" „Weisst du, was, Mann?", antwortete die Frau. „Wir wollen morgen in aller Frühe die Kinder hinaus in den Wald führen, wo er am dicksten ist. Da machen wir ihnen ein Feuer an und geben jedem noch ein Stückchen Brot, dann gehen wir an unsere Arbeit und lassen sie allein. Sie finden den Weg nicht wieder nach Haus, und wir sind sie los." „Nein, Frau", sagte der Mann, „das tue ich nicht; wie sollt ich's übers Herz bringen, meine Kinder im Walde allein zu lassen! Die wilden Tiere würden bald kommen und sie zerreissen." „Oh, du Narr", sagte sie, „dann müssen wir alle viere Hungers sterben, du kannst nur die Bretter für die Särge hobeln", und liess ihm keine Ruhe, bis er einwilligte. „Aber die armen Kinder dauern mich doch", sagte der Mann. Die zwei Kinder hatten vor Hunger auch nicht einschlafen können und hatten gehört, was die Stiefmutter zum Vater gesagt hatte. Gretel weinte bittere Tränen und sprach zu Hänsel: „Nun ist's um uns geschehen." „Still, Gretel", sprach Hänsel, „gräme dich nicht, ich will uns schon helfen." Und als die Alten eingeschlafen waren, stand er auf, zog sein Röcklein an, machte die Untertüre auf und schlich sich hinaus. Da schien der Mond ganz hell, und die weissen Kieselsteine, die vor dem Haus lagen, glänzten wie lauter Batzen. Hänsel bückte sich und steckte so viele in sein Rocktäschlein, als nur hineinwollten. Dann ging er wieder zurück, sprach zu Gretel: „Sei getrost, liebes Schwesterchen, und schlaf nur ruhig ein, Gott wird uns nicht verlassen", und legte sich wieder in sein Bett.

Als der Tag anbrach, noch ehe die Sonne aufgegangen war, kam schon die Frau und weckte die beiden Kinder: „Steht auf, ihr Faulenzer, wir wollen in den Wald gehen und Holz holen." Dann gab sie jedem ein Stückchen Brot und sprach: „Da habt ihr etwas für den Mittag, aber esst es nicht vorher auf, weiter kriegt ihr nichts." Gretel nahm das Brot unter die Schürze, weil Hänsel die Steine in der Tasche hatte. Danach machten sie sich alle zusammen auf den Weg nach dem Wald. Als sie ein Weilchen gegangen waren, stand Hänsel still und guckte nach dem Haus zurück und tat das wieder und immer wieder. Der Vater sprach: „Hänsel, was guckst du da und bleibst zurück, hab acht und vergiss deine Beine nicht!" „Ach, Vater", sagte Hänsel, „ich sehe nach meinem weissen Kätzchen, das sitzt oben auf dem Dach und will mir Ade sagen." Die Frau sprach: „Narr, das ist dein Kätzchen nicht, das ist die Morgensonne, die auf den Schornstein scheint." Hänsel aber hatte nicht nach dem Kätzchen gesehen, sondern immer einen von den blanken Kieselsteinen aus seiner Tasche auf den Weg geworfen.

Als sie mitten in den Wald gekommen waren, sprach der Vater: „Nun sammelt Holz, ihr Kinder, ich will ein Feuer anmachen, damit ihr nicht friert." Hänsel und Gretel trugen Reisig zusammen, einen kleinen Berg hoch. Das Reisig ward angezündet, und als die Flamme recht hoch brannte, sagte die Frau: „Nun legt euch ans Feuer, ihr Kinder, und ruht euch aus, wir gehen in den Wald und hauen Holz. Wenn wir fertig sind, kommen wir wieder und holen euch ab."

Hänsel und Gretel sassen um das Feuer, und als der Mittag kam, ass jedes sein Stücklein Brot. Und weil sie die Schläge der Holzaxt hörten, so glaubten sie, ihr Vater wär' in der Nähe. Es war aber nicht die Holzaxt, es war ein Ast, den er an einen dürren Baum gebunden hatte und den der Wind hin und her schlug. Und als sie so lange gesessen hatten, fielen ihnen die Augen vor Müdigkeit zu, und sie schliefen fest ein. Als sie endlich erwachten, war es schon finstere Nacht. Gretel fing an zu weinen und sprach: „Wie sollen wir nun aus dem Wald kommen?" Hänsel aber tröstete sie: „Wart nur ein Weilchen, bis der Mond aufgegangen ist, dann wollen wir den Weg schon finden." Und als der volle Mond aufgestiegen war, so nahm Hänsel sein Schwesterchen an der Hand und ging den Kieselsteinen nach, die schimmerten wie neu geschlagene Batzen und zeigten ihnen den Weg. Sie gingen die ganze Nacht hindurch und kamen bei anbrechendem Tag wieder zu ihres Vaters Haus. Sie klopften an die Tür, und als die Frau aufmachte und sah, dass es Hänsel und Gretel waren, sprach sie: „Ihr bösen Kinder, was habt ihr so lange im Walde geschlafen, wir haben geglaubt, ihr wolltet gar nicht wiederkommen." Der Vater aber freute sich, denn es war ihm zu Herzen gegangen, dass er sie so allein zurückgelassen hatte.

Nicht lange danach war wieder Not in allen Ecken, und die Kinder hörten, wie die Mutter nachts im Bette zu dem Vater sprach: „Alles ist wieder aufgezehrt, wir haben noch einen halben Laib Brot, hernach hat das Leid ein Ende. Die Kinder müssen fort, wir wollen sie tiefer in den Wald hineinführen, damit sie den Weg nicht wieder herausfinden; es ist sonst keine Rettung für uns." Dem Mann fiel's schwer aufs Herz, und er dachte: Es wäre besser, dass du den letzten Bissen mit deinen Kindern teiltest. Aber die Frau hörte auf nichts, was er sagte, schalt ihn und machte ihm Vorwürfe. Wer A sagt, muss B sagen, und weil er das erste Mal nachgegeben hatte, so musste er es auch zum zweiten Mal.

Die Kinder waren aber noch wach gewesen und hatten das Gespräch mitangehört. Als die Alten schliefen, stand Hänsel wieder auf, wollte hinaus und die Kieselsteine auflesen, wie das vorige Mal; aber die Frau hatte die Tür verschlossen, und Hänsel konnte nicht heraus. Aber er tröstete sein Schwesterchen und sprach: „Weine nicht, Gretel, und schlaf nur ruhig, der liebe Gott wird uns schon helfen."

Am frühen Morgen kam die Frau und holte die Kinder aus dem Bette. Sie erhielten ihr Stückchen Brot, das war aber noch kleiner als das vorige Mal. Auf dem Wege nach dem Wald bröckelte es Hänsel in der Tasche, stand oft still und warf ein Bröcklein auf die Erde. „Hänsel, was stehst du und guckst dich um?", sagte der Vater. „Geh deiner Wege!" „Ich sehe nach meinem Täubchen, das sitzt auf dem Dache und will mir Ade sagen", antwortete Hänsel. „Narr", sagte die Frau, „das ist dein Täubchen nicht, das ist die Morgensonne, die auf den Schornstein oben scheint." Hänsel aber warf nach und nach alle Bröcklein auf den Weg.

Die Frau führte die Kinder noch tiefer in den Wald, wo sie ihr Lebtag noch nicht gewesen waren. Da ward wieder ein grosses Feuer angemacht, und die Mutter sagte: „Bleibt nur da sitzen, ihr Kinder, und wenn ihr müde seid, könnt ihr ein wenig schlafen. Wir gehen in den Wald und hauen Holz, und abends, wenn wir fertig sind, kommen wir und holen euch." Als es Mittag war, teilte Gretel ihr Brot mit Hänsel, der sein Stück auf den Weg gestreut hatte. Dann schliefen sie ein, und der Abend verging; aber niemand kam zu den armen Kindern. Sie erwachten erst in der finstern Nacht, und Hänsel tröstete sein Schwesterchen und sagte: „Wart nur, Gretel, bis der Mond aufgeht, dann werden wir die Brotbröcklein sehen, die ich ausgestreut habe, die zeigen uns den Weg nach Haus." Als der Mond kam, machten sie sich auf, aber sie fanden kein Bröcklein mehr, denn die viel tausend Vögel, die im Walde und im Felde umherfliegen, die hatten sie weggepickt. Hänsel sagte zu Gretel: „Wir werden den Weg schon finden." Aber sie fanden ihn nicht. Sie gingen die ganze Nacht und noch einen Tag von Morgen bis Abend, aber sie kamen aus dem Wald nicht heraus und waren so hungrig, denn sie hatten nichts als die paar Beeren, die auf der Erde standen. Und weil sie so müde waren, dass die Beine sie nicht mehr tragen wollten, so legten sie sich unter einen Baum und schliefen ein. Nun war's schon der dritte Morgen, dass sie ihres Vaters Haus verlassen hatten. Sie fingen wieder an zu gehen, aber sie gerieten immer tiefer in den Wald, und wenn nicht bald Hilfe kam, mussten sie verschmachten. Als es Mittag war, sahen sie ein schönes, schneeweisses Vögelein auf einem Ast sitzen, das sang so schön, dass sie stehen blieben und ihm zuhörten. Und als es fertig war, schwang es seine Flügel und flog vor ihnen her, und sie gingen ihm nach, bis sie zu einem Häuschen gelangten, auf dessen Dach es sich setzte, und als sie ganz nahe herankamen, so sahen sie, dass das Häuslein aus Brot gebaut war und mit Kuchen gedeckt; aber die Fenster waren von hellem Zucker. „Da wollen wir uns dranmachen", sprach Hänsel, „und eine gesegnete Mahlzeit halten. Ich will ein Stück vom Dach essen, Gretel, du kannst vom Fenster essen, das schmeckt süss." Hänsel reichte in die Höhe und brach sich ein wenig vom Dach ab, um zu versuchen, wie es schmeckte, und Gretel stellte sich an die Scheiben und knusperte daran. Da rief eine feine Stimme aus der Stube heraus:
„Knupper, knupper, kneischen,
Wer knuppert an meinem Häuschen?"
Die Kinder antworteten:

„Der Wind, der Wind,
Das himmlische Kind“

und assen weiter, ohne sich irre machen zu lassen. Hänsel, dem das Dach sehr gut schmeckte, riss sich ein grosses Stück davon herunter, und Gretel stiess eine ganze runde Fensterscheibe heraus, setzte sich nieder und tat sich wohl damit. Da ging auf einmal die Türe auf, und eine steinalte Frau, die sich auf eine Krücke stützte, kam herausgeschlichen. Hänsel und Gretel erschraken so gewaltig, dass sie fallen liessen, was sie in den Händen hielten. Die Alte aber wackelte mit dem Kopfe und sprach: „Ei, ihr lieben Kinder, wer hat euch hierhergebracht? Kommt nur herein und bleibt bei mir, es geschieht euch kein Leid.“ Sie fasste beide an der Hand und führte sie in ihr Häuschen. Da ward ein gutes Essen aufgetragen, Milch und Pfannkuchen mit Zucker, Äpfel und Nüsse. Hernach wurden zwei schöne Bettlein weiss gedeckt, und Hänsel und Gretel legten sich hinein und meinten, sie wären im Himmel.

Die Alte hatte sich nur freundlich angestellt, sie war aber eine böse Hexe, die den Kindern auflauerte, und hatte das Brothäuslein bloss gebaut, um sie herbeizulocken. Wenn eins in ihre Gewalt kam, so machte sie es tot, kochte es und ass es, und das war ihr ein Festtag. Die Hexen haben rote Augen und können nicht weit sehen, aber sie haben eine feine Witterung wie die Tiere und merken's, wenn Menschen herankommen. Als Hänsel und Gretel in ihre Nähe kamen, da lachte sie boshaft und sprach höhnisch: „Die habe ich, die sollen mir nicht wieder entwischen!“ Früh morgens, ehe die Kinder erwacht waren, stand sie schon auf, und als sie beide so lieblich ruhen sah, mit den vollen roten Backen, so murmelte sie vor sich hin: „Das wird ein guter Bissen werden.“ Da packte sie Hänsel mit ihrer dürren Hand und trug ihn in einen kleinen Stall und sperrte ihn mit einer Gittertüre ein. Er mochte schrei'n, wie er wollte, es half ihm nichts. Dann ging sie zur Gretel, rüttelte sie wach und rief: „Steh auf, Faulenzerin, trag Wasser und koch deinem Bruder etwas Gutes, der sitzt draussen im Stall und soll fett werden. Wenn er fett ist, so will ich ihn essen.“ Gretel fing an bitterlich zu weinen; aber es war alles vergeblich, sie musste tun, was die böse Hexe verlangte.

Nun ward dem armen Hänsel das beste Essen gekocht, aber Gretel bekam nichts als Krebsschalen. Jeden Morgen schlich die Alte zu dem Ställchen und rief: „Hänsel, streck deine Finger heraus, damit ich fühle, ob du bald fett bist.“ Hänsel streckte ihr aber ein Knöchlein heraus, und die Alte, die trübe Augen hatte, konnte es nicht sehen und meinte, es wären Hänsels Finger, und verwunderte sich, dass er gar nicht fett werden wollte. Als vier Wochen herum waren und Hänsel immer mager blieb, da überkam sie die Ungeduld, und sie wollte nicht länger warten. „Heda, Gretel“, rief sie dem Mädchen zu, „sei flink und trag Wasser! Hänsel mag fett oder mager sein, morgen will ich ihn schlachten und kochen.“ Ach, wie jammerte das arme Schwesterchen, als es das Wasser tragen musste, und wie flossen ihm die Tränen über die Backen herunter! „Lieber Gott, hilf uns doch“, rief sie aus, „hätten uns nur die wilden Tiere im Wald gefressen, so wären wir doch zusammen gestorben!“ „Spar nur dein Geplärre“, sagte die Alte, „es hilft dir alles nichts.“

Früh morgens musste Gretel heraus, den Kessel mit Wasser aufhängen und Feuer anzünden. „Erst wollen wir backen“, sagte die Alte, „ich habe den Backofen schon eingeheizt und den Teig geknetet." Sie stiess das arme Gretel hinaus zu dem Backofen, aus dem die Feuerflammen schon herausschlugen. „Kriech hinein", sagte die Hexe, „und sieh zu, ob recht eingeheizt ist, damit wir das Brot hineinschieben können." Und wenn Gretel darin war, wollte sie den Ofen zumachen, und Gretel sollte darin braten, und dann wollte sie's aufessen. Aber Gretel merkte, was sie im Sinn hatte, und sprach: „Ich weiss nicht, wie ich's machen soll; wie komm ich dahinein?" „Dumme Gans", sagte die Alte, „die Öffnung ist gross genug, siehst du wohl, ich könnte selbst hinein", krabbelte heran und steckte den Kopf in den Backofen. Da gab ihr Gretel einen Stoss, dass sie weit hineinfuhr, machte die eiserne Tür zu und schob den Riegel vor. Hu! Da fing sie an zu heulen, ganz grauselich; aber Gretel lief fort, und die gottlose Hexe musste elendiglich verbrennen.

Gretel aber lief schnurstracks zum Hänsel, öffnete sein Ställchen und rief: „Hänsel, wir sind erlöst, die alte Hexe ist tot." Da sprang Hänsel heraus wie ein Vogel aus dem Käfig, wenn ihm die Türe aufgemacht wird. Wie haben sie sich gefreut, sind sich um den Hals gefallen, sind herumgesprungen und haben sich geküsst! Und weil sie sich nicht mehr zu fürchten brauchten, so gingen sie in das Haus der Hexe hinein. Da standen in allen Ecken Kasten mit Perlen und Edelsteinen. „Die sind noch besser als Kieselsteine", sagte Hänsel und steckte in seine Taschen, was hineinwollte. Und Gretel sagte: „Ich will auch etwas mit nach Haus bringen", und füllte sein Schürzchen voll." Aber jetzt wollen wir fort", sagte Hänsel, „damit wir aus dem Hexenwald herauskommen." Als sie aber ein paar Stunden gegangen waren, gelangten sie an ein grosses Wasser. „Wir können nicht hinüber", sprach Hänsel, „ich seh keinen Steg und keine Brücke." „Hier fährt auch kein Schiffchen", antwortete Gretel, „aber da schwimmt eine weisse Ente, wenn ich die bitte, so hilft sie uns hinüber." Da rief sie:
„Entchen, Entchen,
Da stehen Gretel und Hänsel.
Kein Steg und keine Brücke,
Nimm uns auf deinen weissen Rücken."

Das Entchen kam auch heran, und Hänsel setzte sich auf und bat sein Schwesterchen, sich zu ihm zu setzen. „Nein", antwortete Gretel, „es wird dem Entchen zu schwer, es soll uns nacheinander hinüberbringen." Das tat das gute Tierchen, und als sie glücklich drüben waren und ein Weilchen fortgingen, da kam ihnen der Wald immer bekannter und immer bekannter vor, und endlich erblickten sie von Weitem ihres Vaters Haus. Da fingen sie an zu laufen, stürzten in die Stube hinein und fielen ihrem Vater um den Hals. Der Mann hatte keine frohe Stunde gehabt, seitdem er die Kinder im Walde gelassen hatte, die Frau aber war gestorben. Gretel schüttelte sein Schürzchen aus, dass die Perlen und Edelsteine in der Stube herumsprangen, und Hänsel warf eine Handvoll nach der andern aus seiner Tasche dazu. Da hatten alle Sorgen ein Ende, und sie lebten in lauter Freude zusammen.

Mein Märchen ist aus, dort läuft eine Maus, wer sie fängt, darf sich eine grosse Pelzkappe daraus machen.

Die Gebrüder Grimm

9. ERWACHEN

„The Awakening", Roger Hodgson

VERSE

Liebe kennt keine Grenzen, wenn erkannt das Böse.

Liebe sucht Wahrheit im Innern des Herzens,
Macht regiert die Zeit – die Gezeiten.
Die Zeit steht still, wenn Hass und Habgier regieren,
die Zeit tickt vorwärts, wenn die Liebe bestimmt,
ein langer Weg nach Hause ...

Inspiriert von Roger Hodgson

Das Bewusstsein stupst die Seele,
das Innesein reinigt die Seele.

Meine Mama: Zeit heilt Wunden.
Lass es geschehen, die Zeit vergisst aber nicht den wirklichen Schmerz.
Geprägt wie ein Merkmal, zeigt er verborgene Codes und lässt Trigger entstehen.
Ebbe und Flut sind noch existent.

Regeln sind wie Bilderrahmen,
je breiter, je mehr verstecken sie den Inhalt,
je schmäler, desto mehr zeigen sie den Inhalt.
Schenke respektvolle Grenzen, die du einhalten kannst.
Zu goldig, geschnitzt oder schnörkelig – wer spricht da, ein Herrscher oder ein einfühlsamer
Mensch, der schaut, beobachtet und erkennt?
Wähle gut!

Langer Schlaf

ruckartiges Erwachen wie beim Märchen Dornröschen:

- Mein Enkelkind: Deine Augen weinen, wenn du lächelst. Das sehe ich nur bei dir.

- Mein anderes Enkelkind: Meine kleine Schildkröte, wo bist du? – Gedicht.

- Mein Sohn schreit aus dem Herzen: „Mama, warum hast du immer eine schwarze Tafel vor dir, auch wenn du lächelst? Male endlich darauf; du wärst glücklicher, wie damals."

- Zu meinem Mann: „Wenn DU mir nicht mehr zurückkommst, verliere ich dich für immer." Er kam am nächsten Morgen, verzweifelt …

- Freund: Du hast einen grossen Atem auf dieser kleinen Welt, vergiss es nie.

- Roger Hodgson: „Open de door …"
  Musik lässt dein Herz und Gemüt vibrieren. Höre und fühle und schmelze darin und geniesse.

- Mein Mann, „mein unbequemes Spiegelbild": Ein erdiger Mensch mit Kraft und Stärke, manchmal zu stark für einen Idealisten und Philanthropen wie mich. Er holt mich „herunter", zeigt mir den Weg: „Sehe nicht immer den grossen Berg, sehe kleine Hügel. Gehe vorwärts, und schau nicht immer nach hinten."

Wenn jemand wie ich, penibel und verängstigt, dasteht und ich diese verfluchte Verlassenheit in mir spüre, umarmt er mich jetzt und nimmt mich wie ein kleines Kind in seine Arme. Ich fühle mich geborgen;
aber wie lange, seine Eifersucht und seine Bodenständigkeit erdrückt mich immer wieder. Egozentrisch und narzisstisch, funktioniert da, nach allem noch eine spontane Zusammenarbeit, man kann daran zweifeln.

Gemeinsam den Weg finden;

wenn es nicht funktioniert, sondern klappert, sagen wir Stopp zueinander, gehen einen Schritt rückwärts und sorgen für bedenkliche Stille.
Die Welle klingt langsam ab.
Der Konflikt bleibt jedoch auf der Wellenlänge.

Wortkarg, dominierend ohne Komplimente durch seine Lebenserfahrungen, beruhigen selten und erinnern an andere Männer.

Aber man kann nicht alles haben.

Es wird immer Blockaden geben, ein Auf und Ab, aber du kannst das Tempo und die Kraft bestimmen, wenn dein Herz es zulässt.

Auch wenn ich im Inneren mich immer verlassen fühle, brauche ich Menschen, um mich herum, die mich lieben und geniessen.
Fressen und gefressen werden oder eine verlorene Kommunikation. Ich kann es noch immer nicht ganz verstehen.

Zum Thema Gott und Glaube

Ich bin nicht religiös, ich glaube jedoch an die Weisheit Jesu, den Weg ins Christentum.

Ich bin spirituell aufgewachsen; durch all das Leid, habe ich den Faden verloren, aber jedoch immer um Kraft gebeten. Sie wurde erhört, wie, ich weiss es nicht. Ich komme langsam wieder auf die Welt oder bin endlich wieder „**aufgewacht**".

Persönlich: Gott sucht ständig und überall das Gleichgewicht,
er ist zugleich **Energie** (Motor), **Kraft** (Motivation) und **Emotion** (Liebe).

Es wird immer ein Wechselspiel zwischen Ruhe und Unruhe, Gut und Böse geben. Es wird immer Krieg und Frieden geben,
weil GOTT dieses Wechselspiel versteht, sucht und ER es findet. Aber man muss es zulassen.

Mit seinen Impulsen versprüht Gott in seiner Offenbarung die Lösung der Versöhnung, Erkenntnis und der inneren Zufriedenheit deiner und anderer.
Jetzt spüre ich Wegweiser.
Jetzt kommuniziere ich, statt zu beten, zum Universum, Gott, im Geist und zu der Seele.
Ich glaube an dies, es ist ein steigender Prozess der Auferstehung.

Soll oder darf ich vergeben?
Ja und nein, denn tiefe Narben bleiben. Sie kommen mit Codes, Trigger im täglichen Leben. Sie hüten das Unsere, sodass man den Schmerz nie vergisst.

Meditativ

Ich höre gerne Musik.

Ich gehe in die Natur, geniesse und beobachte mit all meinen Sinnen und Gefühlen und sammle kleine Naturwunder, wie Steine, Zweige, Herbstblätter, leere Schneckenhäuser … für meine Kunstwerke …

Ich verfasse mich gerne mit PHILOSOPHIE, MYTHOLOGIE, GESCHICHTE, GEDICHTEN.

Ich schreibe gerne Verse, die unentwegt in meinem Hirn tanzen.

Ich mache Artwork: „Light in the Dark": Lichtspender auf Leinbildern – in der dunklen Nacht oder für heimeliges Wohlfühlen – oder natürlich am Fenster klebend, wie ein Fensterbild in meiner Kirche, oh, Wohnung, wo die Sonne das Bild beschreibt. Meine Bilder entstehen oft aus Materialien, die mir die Natur „schenkt", oder einfach Abfallmaterialien wie Karton, Papier, Plastik …

Meine Enkelkinder halten mich fit und jung, und mit ihnen kann ich wieder meine Berufung erleben.
Während COVID Puppenhäuser und Puppenkleider anfertigen …

Und das Wichtigste.
Ich brauche Anerkennung und nicht nur eine gewisse Gültigkeitshaltung.
LOB spornt an.

Ich bin in der Phase der Neuentdeckung mit -Humm gemischten Gefühlen. Einerseits stolz, anderseits ehrfürchtig vor der Zukunft …
wieder eine Balance. Hoffentlich kippt sie nie mehr in die falsche Richtung.

Mein Zitat

„Die Unvollkommenheit ist die Frucht der Natur. Die Perfektion hat der Mensch erfunden."
Chrissy Heart
Ja, ich bin eine Träumerin: „I am a Dreamer", Roger Hodgson.

Danke

Zeichne und male deine magischen Steine

EIN HERZ FÜR AUTOREN A HEART FOR AUTHORS À L'ÉCOUTE DES AUTEURS MIA KAPΔIA ΓIA ΣYΓΓPAΦ
HJÄRTA FÖR FÖRFATTARE UN CORAZÓN POR LOS AUTORES YAZARLARIMIZA GÖNÜL VERELIM SZÍVÜ
CUORE PER AUTORI ET HJERTE FOR FORFATTERE EEN HART VOOR SCHRIJVERS TEMOS OS AUTORE
HERZÖINKÉRT SERCE DLA AUTORÓW EIN HERZ FÜR AUTOREN A HEART FOR AUTHORS À L'ÉCOUTE
CORAÇÃO ВСЕЙ ДУШОЙ К АВТОРАМ ETT HJÄRTA FÖR FÖRFATTARE Á LA ESCUCHA DE LOS AUTORE
AUTEURS MIA KAPΔIA ΓIA ΣYΓΓPAΦEIΣ UN CUORE PER AUTORI ET HJERTE FOR FORFATTERE EEN HAI
YAZARLARIMIZ GÖNÜL VERE... ...ERZÖINKÉRT SERCE DLA AUTORÓW EIN HERZ FÜR A
VOOR SCHRIJVERS ...OS A... ...CORAÇÃO ВСЕЙ ДУШОЙ К АВТОРАМ ETT HJÄRTA FÖR F

Die Autorin

1960 in der Schweiz geboren, wuchs Chrissy Heart
in einer Arbeiterfamilie auf, beeinflusst von der Wirt-
schaftslage des ersten Teils des 20. Jahrhunderts
in Europa. Ihre Grosseltern väterlicherseits waren
zudem jüdischer Abstammung; sie prägten den Kur-
sus der Zukunft. Alles war tabu. Man musste stets
schweigen. Antworten auf innere Fragen, bezüglich
der Familiengeschichte, bekam die Autorin nie.
Sie war streng christlich geboren, ein neugieriges,
gewecktes Kind und übermässig begabt, sodass sie
zu früh in die Grundschule integriert wurde.
In der Schule wurde es ihr stets langweilig, und sie
musste später eine Klassenstufe überspringen. Intelli-
genzmässig war dies spannend, sozial-entwicklungs-
mässig jedoch musste sie sich ihren Kameraden
ständig anpassen und ihnen gegenüber durchsetzen.
Humanitär und sozial hat Heart den Beruf der schulischen Heilpädagogin gewählt, der ihr erlaubte, viele
Glücksmomente der Liebe und Fürsorge zu teilen.

Der Verlag

*Wer aufhört
besser zu werden,
hat aufgehört
gut zu sein!*

Basierend auf diesem Motto ist es dem novum Verlag ein Anliegen, neue Manuskripte aufzuspüren, zu veröffentlichen und deren Autoren langfristig zu fördern. Mittlerweile gilt der 1997 gegründete und mehrfach prämierte Verlag als Spezialist für Neuautoren in Deutschland, Österreich und der Schweiz.

Für jedes neue Manuskript wird innerhalb weniger Wochen eine kostenfreie, unverbindliche Lektorats-Prüfung erstellt.

Weitere Informationen zum Verlag und seinen Büchern finden Sie im Internet unter:

www.novumverlag.com